KB248363

교황 프란치스코,

가슴속에서
우러나온
말들

PENSIERI DAL CUORE
by PAPA FRANCESCO

ⓒ 2013 Edizioni San Paolo s.r.l.
Piazza Soncino, 5-20092 Cinisello Balsamo(Milano)
www.edizionisanpaolo.it

ⓒ 2013 Libreria Editrice Vaticana
00120 Città del Vaticano
www.libreriaeditricevaticana.com

Korean translation rights arranged with
Edizioni San Paolo s.r.l. through J&Y Rights Agency.

교황 프란치스코,
가슴속에서 우러나온 말들

교회인가 | 2014년 7월 15일
펴 낸 날 | 2014년 6월 10일 초판 1쇄
         2014년 8월 4일 초판 4쇄

지 은 이 | 교황 프란치스코
옮 긴 이 | 성염
펴 낸 이 | 이태권
책임편집 | 곽지희
책임미술 | 정혜미
펴 낸 곳 | (주)태일소담
         서울시 성북구 성북동 178-2 (우)136-020
         전화 | 745-8566~7 팩스 | 747-3238
         e-mail | sodam@dreamsodam.co.kr
         등록번호 | 제2-42호(1979년 11월 14일)
         홈페이지 | www.dreamsodam.co.kr

ISBN 978-89-7381-797-9 03230

이 도서의 국립중앙도서관 출판시도서목록(CIP)은 서지정보유통지원시스템 홈페이지
(http://seoji.nl.go.kr)와 국가자료공동목록시스템(http://www.nl.go.kr/kolisnet)에서
이용하실 수 있습니다.(CIP제어번호: CIP2014016294)

• 책값은 뒤표지에 있습니다.
• 잘못된 책은 구입하신 곳에서 교환해드립니다.

교황 프란치스코,

가슴속에서
우러나온
말들

교황 프란치스코 지음
성염 옮김

소담출판사

차례

1부. 사랑의 말들

2부. 위로의 말들

3부. 인도의 말들

머리말

         군중들이 그 많은 무리를 이루어 교황 프란치스코를 만나러 달려가는 것은 하나의 뚜렷한 징표다. 그 인물이 여전히 매력을 끌고 있을 뿐만 아니라 사람들의 마음을 차지하고 그들의 마음을 끌어당기고 있다는 표식인 것이다. 프란치스코는 어떤 의미에서 '세계인의 본당 신부'가 되었다. 그의 말과, 제스처, 그가 표현하고 미소 짓는 방식은 프란치스코 자신과 사람들 사이에, 사제들과 신자들 사이에, 믿는 사람들과 안 믿는 사람들 사이에 깊은 자국을 남기면서 여전히 소통의 다리를 놓고 있는 중이다.

    교황직 당초부터 인상적인 그의 면모, 즉 인간적이고 영적인 표정에 담긴 그의 독특한 면모는 자발적이고 자연스럽다는 데서 그치지 않았다. 그가 모든 사람들에게 보여준 호의와 성의는 삽시간에 사람들에게 그만의 독특한 방식으로 동정과 신뢰와 희망을 일으켜주었다. 내면적으로나 외면적으로 풍기는 그의 자유스러움은 사람들에게 깊은 인상을 주었다. 그가 부각시키려고 노력하는 본질적인 것에 비해 거추장스럽고 제약을 주는 모든 것, 피상적이고 부차적인 것에서 그는 벗어나 있다. 교황청의 의례나 개인적 복장에서 그가 추구하는 단순함과 소박함 역시, 근본적으로는 그러한 자유를 절대적으로 필요로 하는 표시라고 해석되어야 할 것이다. 더군다나 교황궁 안에 있는 거처 대신에 산타 마르타를 자신의 '집'으로 선정한 사실, 그곳을 자기 '본당'으로 삼아 매일 미사와 강론을 하고 있다는 사실 역시 혁명적이면서도 그의 자유로움을 드러내는 표시다. 공식적인 관습에서 탈피할 뿐만 아니라 대화와 만남, 우정을 간절히 바란다는 신호다. 이 모두가 인간으로서, 그리고 로마 주교 프란치스코로서 필요한 요구, 자연스러운 요구를 나타낸다.

실제로 교황 프란치스코의 매력은 두 가지 측면의 결합에서 비롯한다. 하나는 인간적이고 사목적인 스타일로 교리를 전달하는 방식, 또 하나는 교회를 사랑과 봉사의 공동체라고 전달하는 그의 교회관이다. 그가 펼치고 있는 교리 교육은 정확하게 이 두 측면의 융합이다. 그의 교리 교육이 사람들을 감동시키는 것은 매끈하고 새로운 얘기를 하기 때문이 아니라, 진정 어린 말을 하면서 신학을 펴기 때문이다. 다시 말해, 복음서를 크고 작은 일상사와 소박하게 결부시키면서 상식과 삶에서 우러나온 단순한 어휘를 써서 얘기하는 까닭이다.

그의 인간성을 보여주는 이러한 면모들은 그가 말을 할 때마다, 청중 앞에 나타날 때마다 새삼 두드러지게 돋보인다. 그의 이러한 존재 방식은 글에서도 드러난다. 단지 차이가 있다면 그의 목소리가 띠는 음색, 어루만지는 듯한 상냥함을 글이 울려내지 못한다는 점뿐이다. 말하자면 '마음에서 마음으로 건네는(cor ad cor loquitur)' 그 온기를 저 바닥까지 옮길 수 없다는 점뿐이다. 그렇지만 그의 글 역시 그의 마음을 감지하게 만드는 데 성공한다. 왜냐하면 그의 글을 읽는 사람은 사목자 안에 깃들어 있는 감흥을 알아채기 때문이다. 사랑을 하는 목자에게서 (교황이 흔히 하는 말대로) '양 떼의 냄새'를 맡기 때문이고, 양 떼를 으뜸 목자(베드로 1서 5, 4) 예수께 데려가면서 양 떼와 어울리고 싶어 하는 낌새를 알아채기 때문이다.

양과 양 떼라는 성서 이미지는 우연한 것이 아니다. 그 이미지들이 교황 프란치스코의 말에서는 특유한 의미와 힘을 받는다. 그가 모형을 떠내고 싶어 하는 교회의 지평과 교회의 여정 그 자체를 표상하고 있는 까닭이다. 달리 말해서 나누고 받쳐주고 권유하고 안내하는 교회, 고통과 시련에 찌부러지더라도, 유혹에 꾐을 당하더라도, 거짓 예언자들과 세상의 거짓된 선생들로 이루어진 "사나운 이리들"(사도행전 20, 29)에게 위협을 당하더라도, 겁내지 말라고 북돋아주는 교회를 표상하는 까닭이다. 그 이유는, 많은 이들이 양들을 버려두어 제 운명대로 가게 내버려두는(예레미야 50, 6 및 에제키엘 34, 1·4 참조) 것과는 달리, 주님은 당신 양 떼를 밤새 지키시고 보호하시는 까닭이다. 특정된 양 떼를 돌봐야 하고 양 떼에게 삶의 모델이 되어야 하는(베드로 1서 5, 2~3) 목자들이 다 그러해야 하듯이 말이다. 물론 "착한 목자"는 자기에게 맡겨진 그리스도교 공동체만 돌보지 않는다. 잃은 양의 비유(마태오복음 18, 12~14)가 가르치듯이 길 잃은 사람들도 만나러 간다. 목자에게는 양 우리 안에 남은 아흔아홉 마리만 중요하지 않다. 지칠 줄 모르는 그의 임무는 잃어버린 그 한 마리 양에게도 마음을 향하고 있으며, 양 떼 전부의 단합과 기쁨에 그 양이 합쳐지는 일도 포함한다. "착한 목자"(요한복음 10, 11. 14)이자 동시에 "양들의 문"(요한복음 10, 7. 9)인 예수님의 본을 따라서 교황은 친교와 봉사라는 새로운 사목적 열정에서 맨 앞줄에 서 있다.

　그의 말들을 주제별로 나열한 이 책에 담긴 생각들은 하나의 사상, 하나의 영성, 교회가 걸어가는 한 보폭을 보여주는 조각들에 불과하다. 그렇지만 교황 프란치스코의 교회관, 사목 스타일, 연설의 특색이 갖고 있는 주도 노선을 엿볼 수 있다는 점에서 가닥은 뚜렷하게 잡힌다. 그 밖에도 이름의 선택, 아시시의 성인을 직접 연관시킨 일은 그 자체가 그의 방향키를 명료하게 지적한 것이다. 프란치스코에게서 영감을 받는다는 것은 교황 본인의 표현을 쓰자면, "자기 밖으로 나감"을 표명하고 싶어 하고 "실존의 변두리를 향하여" 길을 간다는 뜻이다. 거기야말로 가난한 이들과 소외된 사람들 안에서 고통받으시는 주님을 만나는, 외롭고 버림받은 영혼들의 광야이며, 삶에 숨길을 주는 사랑을 상실함으로써 희망을 잃어버린 영혼들의 광야를 거쳐 가는 길이다. 또한 거기야말로 가깝든 멀든 교황이 가 있고 싶은 곳이고, 무엇보다도 희생과 사랑의 깃발처럼 그리스도의 십자가를 높이 들고서 아버지 하느님의 자비심과 자상함을 가져다주고 싶어 하는 곳이다. 아버지는 만인을 당신께 불러 거대한 품으로 끌어안으신다. 누구도 혼자가 아님을 가까이서 느끼게 해주려는 것이고, 희망의 과

넉이자 길인 그리스도께서, 인간을 향해 걸어가는 이 교회 안에 항상 현존하신다는 그 사실을 느끼게 해주려는 것이다.

그의 사도좌 지평의 북극성이라고 할 전망에는 세계를 위한 '선교사 교황'이 되겠다는 각오가 깃들어 있다. 로마의 교회를 위해 이미 그래왔고, 다른 모든 교회들을 "사랑 안에서 통솔하는" 위치에서도 그렇다. 신앙의 해의 정신에 따라서도 이것은 그가 민족들에게 펼치려는 우선적인 선포와 증언으로 보인다. 멀리 떨어진 민족들이든, 가까운 민족들이든, 그리스도교 뿌리가 오래된 나라들, 그러면서도 망각 속으로든 무관심으로든 신앙에 둔감해서든 길을 잃어버린 나라들에 자기 여정의 의미도 선포하고 증언하겠다는 것이다. 또 미지근하고 뻣뻣한 그리스도인들, 차를 홀짝거리면서 하느님을 이야기하는 '살롱식' 그리스도인들, 깊이 있게 살아가는 신앙이라든가 사람들 가운데서 살아가는 신앙의 수고로움과 기쁨을 알지 못하는 그리스도인들에게도 같은 일깨움을 준다. 가슴속의 신앙을 쇄신하라고, 신앙의 도전들을 날마다 대면하라고 강력하게 호소한다.

이미 말했듯이 말도 개념도 단순하면서도 핵심적이라는 점이 그의 고유한 특징이지만 교황은 모든 것의 중심이 예수 그리스도이심을 가리켜 보이려 한다. 그리스도라는 이 중심을 놓치고 보면 이 여정과 결부된 모든 연관 사항들도 다 상실되고 만다. 그러므로 그의 목표는 하느님과 교회로부터 멀리 떨어진 사람들에게 가까이 가려는 것만이 아니다. 만민의 선과 구원을 위해 사람이 되신 하느님을 믿는 멋과 즐거움을 실제로 보여주려는 것이다. 또한 세례 받은 사람들의 신앙을 회복하는 목표도 정하고 있다. 그리스도와의 개인적 만남에서 맛을 되찾도록, 그분을 선포하는 선교의 열성을 재발견하도록, 담벼락을 나가서 바깥으로 걸음을 내딛으려는 교회에 능동적으로 참여하도록 하려는 것이다.

신앙의 해를 맞아 2012년 10월 1일 추기경 베르골리오로서 대교구에 보낸 서한에도 썼듯이, "신앙의 문지방을 넘어서기 전에" 열어젖혀야 할 문들, 닫힌 문들이 너무도 많다. 인간을 자신 안에 가두어버리는 마음의 문들이 있다. 그런 문들은 인간관계에서나 그리스도교 선포와 연관해서나 하나의 장벽이 될 수 있는 모든 것을 유비적으로 가리킨다. 문들이 잠겨 있으면 이런 것들이 문지방 밖에 놓이고 만다. 교황 프란치스코가 초대하는 첫걸음은 내면의 여로를 걸어보라는 것이다. 어떻게 마음을 열어야 할지 깨닫고, 우리 자신 밖에 새로운 지평, 보다 광활한 지평이 있음을 깨달아 그 지평을 향해 자기 삶을 정향하고 희망의 미래를 건설하라는 것이다.

신앙은 은총의 선물이다. 그렇지만 나날이 점령해가야 하는 산꼭대기이기도 하다. 이 등정은 한평생 걸린다. 또한 이 등정에서는 베네딕토 16세가 환기시켰듯 모두 밧줄을 함께 매고 있다! 혼자서 오르고 있는 것이 아니다. 교회 안에서, 교회와 더불어 서로 돕고들 있다. 진리와 사랑의 형제애로 서로 돕는다. 모두 한데 뭉쳐서 어느 날 정상에 도달해 있음을 발견해야 한다. "신앙의 문지방을 넘어서는 일"은 바로 이런 의식을 되찾는 것을 의미한다. 온갖 저항을 포기하는 일이다. 가짜 지름길, 자칫 목표로부터 멀어지게 하는 지름길을 알아채야 한다. 하느님의 자비로운 사랑이라는 주 등산로를 다시 찾아내는 일이다. 하느님의 자비로운 사랑이야말로 종교적 목표든 인간적 목표든 어떤 목표를 향해서 안심하고 걸어가는 가장 든든한 보장이다.

교황 프란치스코는 오로지 사랑으로, 그를 돋보이는 인간적 정신력으로, 그리고 듣는 사람들로 하여금 자기에게 직접 건네는 말로 여기게 만드는 특유한 화법으로, 신앙의 활력 그 안에서 자기가 행할 봉사를 파악하고 있다. 그것은 곧 우리 시대의 인간들 한가운데서 선교사로 임하고자 하는 교회의 직무이기도 하다.

그렇다면 이 모든 것이 베네딕토 16세의 교황직과 전적으로 단절됨을 의미하는가? 분명히 아니다. 교리와 교도권의 관점에서 절대 그렇지 않다. 교황 프란치스코는 연설문에서 빈번하게 선임자를 상기하고 있을뿐더러 일정한 개념을 정립하기에 앞서 그의 사상과 표현을 부단히 언급하고 있다. 단지 분명하게 다른 것은 카리스마요, 사목적 경험과 사목적 감수성이요, 소통을 하는 스타일과 언어다. 교황으로서 우선을 두는 점, 사목적 접근 방식이 차이 난다. 그의 목표는 베네딕토 16세가 제거했거나 중단했던 것을 복원하고 약화시킨 것을 강화하는 데 있지 않다. 더 간단하게 말해서 교황마다 자기 시대의 상황과 필요와 문제점에 입각해서 언표하고 행동한다. 그에게는 복음화와 지도와 봉사에 관한 자기만의 고유한 이념이 있다. 그래서 일정한 역사적 시점에서 교회와 사회의 선익에 다른 문제보다 더 중요하다고 판단되는 몇 가지 측면을 응대하고 강조한다. 하지만 지난 세기의 위대한 교황들의 역사가 웅변적으로 보여주듯이, 각자가 자기 나름의 유산을 남긴다. 자기 뒤에 오는 사람이 남긴 유산과 달랐다고 하더라도 그보다 덜 소중하지는 않은 유산을 남긴다. 그러므로 무엇보다 유념할 것은 교황마다 그리스도께 증거를 드리는 가운데 세상에 이바지하는 신앙과 사랑의 모범이다.

이탈리아 천주교 언론인
줄리아노 비지니

1부
··
사랑의 말들

여러분의 미래는 생애의 이 소중한 한 해, 한 해를
어떻게 살아가느냐를 아는 데 달렸습니다.
투신을 무서워하지 말고 희생을 두려워하지 마십시오!
미래를 겁먹은 눈으로 바라보지 마십시오!
희망을 생생하게 간직하십시오!
지평선에는 늘 빛이 있습니다.

사랑의 통치권

판사에게 소환을 받거나 법정에 갈 때 사람들은 사건을 변호해줄 변호사를 찾습니다. 우리도 변호사를 하나 두고 있습니다. 언제든지 우리를 변호해주는 분입니다. 악마의 흉계에서 우리를 감싸고 우리를 지키고 우리 죄에서 우리를 변호하는 분입니다. 예수의 승천은 바로 이 문제, 인생 여정에서 크나큰 위로가 되는 이 사실을 깨닫게 해줍니다. 참하느님이고 참사람인 그리스도 안에서 우리 인간성이 하느님 곁으로 옮겨진 사실 말입니다. 그분이 우리에게 통로를 열어놓으셨습니다. 그분은 산을 오를 때에 로프를 매고 올라가는 등산 대장 같은 분이십니다. 꼭대기에 먼저 도달해서 로프를 늘어뜨려 우리를 끌어당겨 하느님께 데려가십니다. 우리 삶을 그분에게 맡기기로 마음먹으면, 그분이 우리를 이

끝도록 마음을 허락하면, 우리가 든든한 손에 맡겨져 있다는 확신이 섭니다. 우리 구세주의 손에, 우리 변호사의 손에 맡겨져 있다는 든든함입니다.

승천이란 예수님의 부재를 가리키는 말이 아닌, 그분이 새로운 모습으로 우리 사이에 살아 계시다는 말입니다. 승천 이전처럼 그분은 더 이상 세상의 일정한 자리에 계시지는 않습니다. 이제는 하느님의 통치권 그 안에 계십니다. 모든 공간, 모든 시간 속에 계십니다. 우리 각 사람 곁에 계십니다. 그러므로 우리는 결코 혼자가 아닙니다. 십자가에 달리신 주님, 부활하신 주님이 우리를 이끌어 가십니다. 무수한 형제들과 누이들이 우리와 함께 있습니다. 침묵 속에 또는 숨어서, 가정 생활과 직장 생활에서, 나름대로의 문제와 곤란을 안고서, 나름대로의 기쁨과 희망을 간직하고서 나날이 신앙을 지켜가고 있습니다. 우리와 더불어 그들도 하느님의, 사랑의 통치권을 세상에 펴고 있습니다. 부활하신 그리스도, 하늘에 오르신 그리스도, 우리를 편들어주시는 변호사 그리스도 안에서 살아가고 있습니다.

2013. 3. 27. 일반 알현

기다림

하느님을 찾아야 한다는 말들을 합니다. 하느님께 가서 용서를 빌어야 한다는 말도 합니다. 우리가 갈 때 그분은 우리를 기다리고 계십니다. 그분이 먼저이십니다. 그대는 죄인으로 찾아가지만 그분이 그대를 기다리고 계십니다, 그대를 용서하시려고!

이스라엘 예언자들이 그려내는 하느님 체험이 그런 것입니다. 주님은 매실나무의 꽃과 같습니다. 봄에 처음으로 피어나는 매화 말입니다. (예레미야 1, 11~12 참조) 매화는 다른 꽃들이 피어나기 전에 먼저 피어 다른 꽃들을 기다립니다. 마찬가지로 주님은 우리를 기다리십니다. 우리가 그분을 찾다 보면 이러한 경험을 하게 됩니다. 우리를 맞아들이시려고, 당신 사랑을 쏟아부으시려고 우리를 기다리고 계시는 분이 그분이시라는 사실을 깨닫게 됩니다. 이것은 믿기지 않을 만큼 놀라운 사실입니다. 한 사람을 만나고, 주님을 만나는 데서 오는 놀라움입니다.

2013. 5. 18. 오순절 운동 단체와의 대담

권위

　　　　　　　권위를 행사할 때는 동반을 하고 이해
를 하고 돕고 사랑을 기울여 행사하는 법을 알아내도록 하십
시오. 남녀 모든 인간을 감싸 안아야 합니다. 특히 혼자라고,
따돌림당했다고, 삶이 무미건조하다고 느끼는 사람들을 안아
야 합니다. 인간 심경의 실존적 변두리를 안아줘야 합니다. 눈
길을 돌려 십자가를 지켜봅시다. 교회 안에서는 어떤 권위든
그 자리가 십자가에 있습니다. 거기서는 주님이신 분이 당신
을 온전히 내어주실 정도로 종노릇을 하고 계십니다.

2013. 5. 8. 여자수도회 장상(長上) 국제연합회에 행한 연설

조화

얼핏 보면 성령이 교회 안에 무질서를 조성하시는 것처럼 보입니다. 다양한 카리스마, 다채로운 선물을 가져다주시는 까닭입니다. 그러나 그분의 역사하심에서 보면 이 모두가 크나큰 풍요입니다. 성령은 일치의 영이시기 때문입니다. 그렇다고 획일을 의미하지 않고 모든 것을 조화로 이끄십니다. 교회 안에 조화를 이뤄내는 분은 성령이십니다. 교부 한 분이 내가 참 좋아하는 문구를 남겼습니다.

'그분이 곧 조화이십니다(Ipse harmonia est).'

차이성을, 다양성을, 다수성을 야기할 수 있는 분은 그분뿐이십니다. 그런 동시에 일치를 이뤄내실 수 있습니다. 여기서도 우리는 차이성을 만들어낸다면서 당파주의와 배타주의에 자신을 가두어 결국 분열에 이르고 맙니다. 우리의 인간적 계획에 따라 일치를 이뤄내고 싶어 하다 보면 획일성을 초래하고, 우리가 하나하나 승인해주어야 직성이 풀립니다.

그 대신 만일 성령의 인도에 몸을 맡기게 되면 풍요함, 다양함, 다채로움이 결코 갈등이 되지 않습니다. 교회의 친교, 그 속에서 다양함을 살려나가게 성령이 우리를 떠밀어주시는 까닭입니다. 교회 안에서 함께 걷는 일, 사목자들에게 지도를 받는 일은 성령의 역사하심을 드러내는 표지입니다. 사목자들은 각별한 카리스마와 직무를 받은 사람들입니다. 교회의 일원으로 행동한다는 것은 그리스도인 각자, 각 공동체, 모든 운동의 근본이 되는 특성입니다. 그리고 나를 그리스도께 데려가는 것은 교회입니다. 제각기 평행으로 나란히 걸어가려는 것은 참으로 위험한 생각입니다.

2013. 5. 19. 성령강림 대축일 강론

연대의 정신

우리 모두 선사하는 마음, 거저 베푸는 마음, 연대의 정신을 되찾아야 합니다. 야만적인 자본주의는 갖은 수를 써서 이윤을 내는 논리를 가르쳐놓았습니다. 받기 위해서 주는 논리, 사람을 염두에 두지 않고 수탈하는 논리를 가르쳤습니다. 지금 우리는 그 결과를 목격하는 중입니다. 우리가 겪고 있는 위기 속에서 목격하고 있습니다. 이 집은 사랑을 교육하는 곳입니다. 애덕을 가르치는 '학교'입니다. 사람이면 누구나 만나러 가라고 가르치는 학교입니다. 이윤을 위해서가 아니라 사랑을 위해, 사람을 만나러 가라고 가르칩니다.

2013. 5. 21. 초대의 집 '마리아의 선물'에서 행한 연설

사랑의 걸인

마음속까지 살피는 사람(로마서 8, 27 참
조)은 사랑의 걸인이 됩니다. 참으로 본질적인 물음, 유일무이
한 물음이 우리에게 옵니다. 자기 양들을 사목하고 어린 양들
을 사목하고 자기 교회를 사목하는 전제이자 조건이 되는 물
음입니다. 모든 직무는 주님과의 이 내밀함에 토대를 둡니다.
주님을 힘입어 사는 것, 이것이 우리 교회 봉사의 척도입니다.
그 척도는 순종하려는 자세, 몸을 숙이려는 자세로 표현됩니
다. 「필립비인들에게 보낸 편지」에서 우리가 들었듯이 전적인
증여로 표현됩니다.

그것 말고도 주님을 사랑하는 길은 그분을 위해 모든 것을
내놓는 일입니다. 그야말로 전부를, 목숨까지도 내놓는 일입
니다. 바로 이것이 우리의 사목이자 우리의 리트머스 시험지

입니다. 우리가 받은 선물을 얼마만큼의 깊이로 얼싸안았는지, 예수님의 부르심에 어떻게 응답하고 있는지, 우리에게 맡겨진 사람들과 공동체에 우리가 얼마나 매여 있는지 보여주는 리트머스 시험지입니다. 우리는 어떤 조직이나 구조적 필요에서 등장한 인물들이 아닙니다. 우리 권위를 행사하는 봉사에서도 우리는 부활하신 주님의 현존과 활동을 보여주는 표지여야 한다는 부름을 받고 있습니다. 말하자면 형제애로 공동체를 건설하라는 부름을 받습니다.

2013. 5. 23. 이탈리아 주교회의 주교들과 가진 신앙고백 행사의 강론

집

'집'이란 말은 우리를 받아들여주는 장소, 거주지, 인간 환경을 의미합니다. 그곳에 있으면 좋고, 자기를 되찾고, 어떤 소속 지역이나 공동체에 몸담았다고 느껴집니다. 더 깊은 의미에서 '집'이라는 낱말은 그야말로 가족적인 냄새를 풍깁니다. 가정에서 겪어볼 수 있는 따스함, 정, 사랑을 일깨우는 낱말입니다. 그래서 집은 가장 소중한 인간적부를 대표합니다. 사람들 사이에, 나이가 다르고 문화가 다르고 역사가 다른 사람들 사이에 이루어지는 만남, 그 사이에 이루어지는 관계를 표현합니다. 그렇게 다르면서도 함께 살고, 서로 성장하도록 함께 돕는 사람들의 만남입니다. 그래서 집은 삶에서 결정적인 장소입니다. 거기는 생명이 자라고, 또 실현을 볼 수 있는 곳입니다. 거기서는 각 사람이 사랑을 받아들이는 법을 배우고 사랑을 베푸는 방법을 배우는 까닭입니다.
이것이 집입니다.

2013. 5. 21. 초대의 집 '마리아의 선물'에서 행한 연설

온전한 인간

교회는 자선단체도 아니고 문화단체도, 정치단체도 아닙니다. 오히려 살아 있는 몸입니다. 역사 속에서 걸어가고 행동하는 몸체입니다. 그리고 이 몸은 머리를 갖고 있습니다. 바로 예수님입니다. 그분이 이 몸을 인도하고 기르고 일으켜 세우십니다. 내가 강조하려는 요점은 이것입니다. 만약 머리를 몸체에서 분리해내면 온전한 인간으로 살아남지 못합니다. 교회에서도 그렇습니다. 우리는 갈수록 더 진지하게 예수님께 매인 채로 있어야 합니다. 하지만 그뿐이 아닙니다. 몸에서 그렇듯, 살아남으려면 생명의 체액이 흘러야 합니다. 그와 마찬가지로 예수님이 우리 안에서 활동하시게 허락해드려야만 합니다. 그분 말씀이 우리를 인도하시게 허락해야 합니다. 성체 안에 계시는 그분의 현존이 우리를 기르

고 우리에게 생기를 북돋게 하고, 그분의 사랑이 우리가 이웃
을 사랑하는 힘을 주도록 할 것입니다. 언제나 그래야 합니다.
언제나, 또 언제나!

2013. 6. 19. 일반 알현

결핍

연대감을 갖고서 음식이 공평하게 나누어진다면 그 누구에게도 결핍이 있을 수 없습니다. 이런 일은 어느 공동체도 할 수 있습니다. 제일 가난한 사람들의 필요를 채워주러 갈 수 있습니다. 인간 생태학과 환경 생태학은 같은 길을 걷습니다.

2013. 6. 5. 일반 알현

십계명

십계명은 하느님의 선물입니다. '계명'이라는 말은 유행에서 온 말이 아닙니다. 현대인에게는 뭔가 부정적인 인상을 줍니다. 누군가의 의지, 한계를 부과하고 삶에 장애물을 설정하는 의지처럼 들립니다. 안된 일이지만 최근의 역사도 폭정으로 억압된 이데올로기와 이론으로 점철되어왔습니다. 그것들은 인간의 선익을 생각하지 않고 권력, 성공, 이윤을 추구해왔습니다. 그러나 십계명은 사랑으로 우리를 창조하신 하느님께로부터 옵니다. 인류와 계약을 맺으신 하느님께로부터 옵니다. 인간의 선만을 원하는 하느님께로부터 옵니다. 하느님께 신뢰를 드립시다! 그분을 신뢰합시다!

십계명은 우리가 달려가야 할 길을 우리에게 가리켜 보입니다. 인간의 척도에서 의로운 사회를 건설하는 일종의 '도덕

강령'을 구성합니다. 이 열 가지 말씀이 우리를 이끌어 평화와
정의와 존엄성을 찾는 사람을 비추고 길잡이가 되도록 마음
을 허락합시다.

2013. 6. 8. '십계명을 위한 열 군데 광장' 운동 참여자들에게 보낸 메시지

고백

우리는 우리가 원하는 만큼만 걸어나갈
수 있습니다. 많은 일을 건설해나갈 수 있겠지만 예수 그리스
도를 고백하지 않으면 뭔가 잘못된 것입니다. NGO 자선단체
가 되기는 하겠지만 교회는 아닙니다. 그리스도의 배필인 교
회는 아닙니다.

2013. 3. 14. 추기경들과 집전한 미사 강론

시류에 거스르다

젊은이들이여, 잘 들으시오! 시류에 거슬러 가시오! 마음이 든든해집니다. 하지만 시류에 거슬러 가려면 용기가 필요합니다. 그분이 우리에게 이 용기를 주실 것입니다. 우리가 하느님과 일치해 있다면 무서울 것이 없습니다. 곤란이나 시련이나 몰이해나 무서울 것이 없습니다. 포도나무에 붙어 있는 가지처럼 우리가 하느님과 일치해 있다면, 그분과의 우애를 잃지 않는다면, 우리 삶에서 그분께 갈수록 더 많은 공간을 만들어드린다면 무서울 것이 없습니다.

2013. 4. 28. 견진 예비자 미사 강론

용기

새로움은 늘 우리에게 약간의 두려움을
줍니다. 우리는 모든 것을 장악하고 있을 때 한결 안심이 되
는 까닭입니다. 우리 도식, 우리 안전, 우리 취향대로 삶을 건
설하고 계획하고 설계하기에 이른다면 한결 안심이 될 것입니
다. 하느님과도 이런 일이 일어납니다. 흔히 하느님을 따라가
고 하느님을 모셔 들이지만 어느 선까지만 그렇게 합니다. 온
전한 신뢰를 품고서 그분께 우리를 전적으로 맡기는 일은 어
렵습니다. 성령이 우리 삶을 활성화하고 인도하시도록 잠자
코 내버려두는 일, 더구나 모든 선택, 결정에서 그렇게 하시도
록 내버려두는 일은 무척 어렵습니다. 하느님이 우리더러 낯
선 길을 달려가게 만드실까 두렵기도 합니다. 하느님이 우리
의 시야에서 나오라고 하실까 봐, 대개는 제한되고 닫혀 있고

이기적인 시야에서 끄집어내서서 우리에게 당신의 지평선을 열어 보여주실까 겁을 먹습니다. 하지만 구원의 역사 전체에서 하느님이 나타나실 적에는 새로움을 가져오십니다. 하느님은 늘 새로움을 가져오십니다. 새로움을 주고 변화시키고 전적으로 당신을 신뢰하라고 요구하십니다. 노아는 모두에게서 비웃음을 사면서 방주를 건설했고 그래서 살아납니다. 아브라함은 약속 하나만을 손에 쥐고 고향 땅을 떠납니다. 모세는 파라오의 권력에 맞섰고 자유를 향해서 백성을 영도합니다. 겁 많은 사도들은 다락방에 갇혀 있다가 용기를 내서 밖으로 나와서는 복음을 선포합니다. 그냥 새로움을 위한 새로움이 아닙니다. 우리 시대에 흔히 일어나듯이 권태를 이기려고 신기한 것을 찾는 것이 아닙니다. 하느님이 우리 삶에 가져오시는 새로움은 기어이 실현을 보는 그런 새로움입니다. 참된 기쁨, 참된 평온을 선사하는 새로움입니다. 하느님이 우리를 사랑하시고 우리의 선만을 원하시는 까닭입니다.

2013. 5. 19. 성령강림 대축일 미사 강론

창조계의 지킴이

여러분에게 간곡히 요청합니다. 경제적·정치적·사회적 환경에 책임자 역할을 하는 모든 사람들에게 요청합니다. 선의를 가진 모든 이들에게 요청합니다. 우리는 창조계의 '지킴이'입니다. 대자연에 새겨진 하느님의 계획을 지키는 사람들입니다. 타인을 지키고 환경을 지키는 사람입니다. 파괴의 표지, 죽음의 표지판들을 그냥 내버려둬서는 안 됩니다. 우리의 이 세계가 나아가는 발걸음을 이런 표지판들이 따라붙게 그냥 두어서는 안 됩니다.

2013. 3. 19. 교황 직무 개시 미사 강론

위대한 혁명

세례, '율법 밑에' 있다가 '은총 밑으로' 옮겨가는 이 건너감은 하나의 혁명입니다. 역사상으로 무수한 혁명가들이 있습니다. 무척 많은 혁명가들이 있었습니다. 그렇지만 예수님이 일으킨 이런 혁명을 일으킬 힘은 아무도 못 가졌습니다. 역사를 변화시키는 혁명, 인간의 마음을 밑바닥에서 바꾸는 혁명 말입니다. 역사상의 혁명들은 정치적·경제적 제도를 바꾸었습니다. 하지만 그 어느 혁명도 진정으로 인간의 마음을 수정하지는 못했습니다. 진정한 혁명, 삶을 근본적으로 변화시키는 혁명을 예수 그리스도께서 성취하셨습니다. 당신 부활로! 십자가와 부활로! 이 시대에서 혁명가가 되지 못하는 그리스도인은 그리스도인이 아닙니다! 은총을 갖고 하는 혁명가여야 합니다. 다름 아니라 십자가에 달리고

죽고 부활하신 예수 그리스도를 통해서 아버지께서 우리에게
주시는 은총이 우리를 혁명가로 만듭니다.

2013. 6. 17. 로마 교구 교회 회의 참석자들에게 행한 연설

사랑의 도구

복음화의 힘은 하느님께로부터 오고 하느님께 속한다는 사실을 아는 일입니다. 우리로서는 성령의 활동에 갈수록 마음을 더 열라는 부르심을 받았습니다. 우리의 마음 자세를 온통 성령께 바쳐 하느님의 자비의 도구가 되라는 부르심을 받았습니다. 남자 개개인, 여자 개개인을 위하시는, 특히 가난하고 따돌림당하고 멀리 있는 사람들을 위하시는 그분에게 사랑의 도구가 되라는 부르심을 받았습니다. 이것은 인간 각자에게 해당하는 일이고 교회 전체에 해당하는 일입니다. 기능으로서의 선교가 아니고 본질로서의 선교입니다.

2013. 5. 17. 교황청 선교사업부와의 회동에서 행한 연설

인내심

하느님의 얼굴은 자애로우신 아버지의 얼굴, 늘 인내심을 발휘하시는 얼굴입니다. 여러분은 하느님의 인내심을 생각해본 적 있습니까? 우리 각자에게 보이신 인내심 말입니다. 그 인내심은 그분의 자비심이기도 합니다. 하느님은 언제나 우리에게 인내를 보이시며, 우리를 이해하고 우리를 기다려주십니다. 우리가 부서진 마음으로 당신에게 돌아갈 줄 아는 한, 하느님은 우리를 용서하시는 데 지치지 않으십니다.

2013. 3. 17. 삼종기도

토마스는 다른 사도들이 그에게 "우리는 주님을 뵈었소"라고 하는 말을 믿지 않습니다. 그에게는 사흘 만에 부활하리라고 예고하신 예수님의 약속도 충분하지 못합니다. 보고 싶어 합니다. 자기 손을 못자국과 옆구리에 넣어 보고 싶어 합니다. 이에 예수님의 반응은 어떠했나요? 인내심을 베푸셨습니다. 예수님은 고집쟁이 토마스를 불신 속에 버려두지 않으십니다. 그에게 한 주간의 시간을 주십니다. 문을 닫지 않고 기다리십니다. 그러자 토마스가 자기 빈약함을 알아봅니다. 믿음이 적음을 알아챕니다. '저의 주님, 저의 하느님', 간단하지만 신앙으로 충만한 이 호칭으로 예수님의 인내에 보답합니다.

2013. 4. 7. '로마 교좌' 착좌 미사 강론

여유

　　　　　우리는 모든 것을 당장에 얻으려고 합니다. 그러나 하느님은 우리처럼 인내심이 없지 않으십니다. 우리를 사랑하시기 때문입니다. 사랑하는 이는 이해하고 희망을 걸고 신임을 하고 저버리지 않으며 다리를 끊어버리지 않으며 용서할 줄 압니다. 그리스도인들로서 우리 삶에 이 점을 기억해둡시다. 하느님은 언제나 우리를 기다리십니다. 우리가 멀리 가 있어도 그렇게 하십니다. 그분이 멀리 가시는 일은 결코 없습니다. 그리고 우리가 그분에게 돌아오면 당장 안아주실 태세이십니다.

2013. 4. 7. '로마 교좌' 착좌 미사 강론

용서

하느님께서는 용서하는 데 결코 싫증을
내지 않으십니다. 절대 짜증을 내지 맙시다. 싫증을 내지 맙시
다. 그분은 사랑스러운 아버지이시고 언제든 용서하십니다.
우리 모두에게 자비심을 품고 계시는 아버지이십니다. 우리도
모두에게 자비로운 사람이 되는 법을 배웁시다.

2013. 3. 17. 삼종기도

끈기

우리는 스스로 이런 말을 합니다.

"나는 주님을 뒤따르고 싶다. 그분의 길을 가련다. 하지만 한순간의 일이 아니다. 한평생 걸리는 일이다. 모든 날에 걸쳐 걸어가는 일이다."

따라서 우리가 청해야 할 은총은 항구함의 은총입니다. 주님의 걸음에 항구하기. 마지막까지, 매일같이. 매일같이 새로 시작한다는 말이 아닙니다. 걸음을 계속한다는 말입니다. 늘 계속하는 것입니다. 그 걸음에는 어려움과 수고가 따르지만 크나큰 기쁨도 따릅니다. 결국 주님의 걸음입니다.

2013. 4. 12. 바티칸 산타 마르타 경당 미사 강론

기도

사제직이나 봉헌 생활에 부르심받는 갖가지 성소(聖召) 뒤, 혹은 앞에는 언제나 누군가의 기도가 있습니다. 강력하고 간절한 기도가 있습니다. 할머니나 할아버지, 어머니나 아버지, 어떤 공동체의 기도가 있습니다. 예수님께서 "그러니 수확할 밭의 주인님께, 즉 하느님 아버지께 일꾼들을 보내주십사고 청하여라"(마태오복음 9, 38)라고 말씀하신 이유가 있습니다. 성소는 기도에서 나옵니다. 기도를 통해서만 항구하고 결실을 낼 수 있습니다.

2013. 4. 21. 부활삼종기도

충실한 관계

　　　　　새로운 복음화, 복음을 선포하는 교회는 반드시 기도에서 출발해야 합니다. 다락방의 사도들처럼 성령의 불꽃을 청하는 데서 시작해야 합니다. 하느님과의 충실하고 진지한 관계만이 우리로 하여금 자기 폐쇄에서 벗어나 공공연하게 복음을 선포하게 만듭니다. 기도가 없으면 우리 활동이 공허한 것이 되고 우리의 선포에는 혼이 깃들지 않으며 성령으로 고무된 것이 아닙니다.

2013. 5. 22. 일반 알현

내면적 자유의 샘

영성 생활에 크나큰 관심을 기울이십시오. 그것은 내면적 자유의 샘입니다. 기도 없이는 내적 자유가 있을 수 없습니다. 기도 생활을 배양함으로써, 여러분의 매일 노동을 여러분 성화의 단련장으로 만듦으로써 여러분은 그리스도께 동화된 소중한 보석을 만들어낼 수 있습니다. 사제다운 영성에 고유한 도구를 갖춘 보석 말입니다.

2013. 6. 6. 교황립 외교관 아카데미아에 행한 연설

희망

우리는 예수님을 모시고 가고 예수님을 따라가고 있습니다. 그렇지만 실제로는 그분이 우리를 동반하시고 우리를 당신 어깨에 메고 가신다는 사실을 알도록 합시다. 여기에 기쁨이 있습니다. 우리가 사는 이 세상에 가져다 줄 희망이 있습니다. 제발 부탁입니다. 여러분한테서 희망을 훔쳐가도록 놓아두지 마십시오! 희망을 도둑질해 가게 그냥 두지 마십시오! 희망은 예수님이 우리에게 주시는 것입니다.

2013. 3. 24. 성지주일 강론

유산

우리 그리스도인들의 희망은 강력하고 확실하고 이 땅에서도 굳건하니 하느님은 이 땅으로 우리를 부르셔서 걸어가게 하셨습니다. 희망은 영원을 향해 열려 있으니 항상 충실하신 하느님께 기반을 두고 있습니다. 하느님은 언제나 우리에게 충실하십니다. 우리는 세례로, 신앙의 선물로 그리스도와 함께 부활했으므로 유산을 받게 되었습니다. 그 유산은 결코 썩지 않으며, 우리로 하여금 주로 하느님의 것들을 찾게 만듭니다. 그래서 우리는 그분을 더 생각하게 되었고, 그분께 더욱더 기도하게 되었습니다. 그리스도인이 된다 함은 계명을 지키는 것만으로는 부족합니다. 그리스도 안에 존재하는 것, 그분처럼 생각하는 것, 그분처럼 행동하는 것, 그분처럼 사랑하는 것을 의미합니다. 그분이 우리 삶을 차

지하시고 그것을 바꾸시고 변화시키시고 죄와 악의 어둠에서
해방시키시도록 허심하는 것입니다.

2013. 4. 10. 일반 알현

사랑의 어루만짐

우리 가운데 누군가는 이런 생각을 할지 모릅니다.

'내 죄는 너무 크다. 비유에 나오는 작은아들의 처지처럼 하느님으로부터 너무 멀리 떠나갔다. 내 불신앙은 토마스의 그것과 같다. 나는 돌아갈 용기가 없다. 하느님께서 나를 맞아주실 수 있으리라고 생각 못 하겠고 더구나 나를 기다리고 계시리라는 생각은 차마 못 하겠다.'

그러나 하느님께서는 다른 사람 아닌 그대를 기다리고 계십니다. 그분에게 갈 용기만 그대에게 요구하십니다. 나의 사목 직무에서 "신부님, 나는 많은 죄를 지었습니다"라는 소리를 내가 얼마나 많이 들었는지 모릅니다. 그리고 내가 건네는 초대의 말씀은 이것이었습니다.

"두려워하지 마시오. 그분한테 가시오. 바로 그대를 기다리고 계십니다. 그분이 다 해주실 것입니다."

이런 경우에 닥치면 우리 주변에서 얼마나 많은 속된 방책을 듣게 되는지 모릅니다. 하지만 우리로서는 하느님의 방책에다 마음을 두기로 합시다. 그분의 방책은 사랑의 어루만짐입니다. 하느님께 우리는 일개 번호가 아닙니다. 우리는 소중합니다. 우리야말로 당신이 가지신 가장 중요한 존재들입니다. 설령 우리가 죄인일지라도 그분이 가장 마음 두고 계시는 존재는 우리입니다.

2013. 4. 7. '로마 교좌' 착좌 미사 강론

성실

우리가 받아들인 신앙을 보전합시다.
주님께 우리의 성실을 새로이 다짐합시다. 장애에 부딪히고
몰이해를 당하더라도 성실을 다합시다. 하느님께서 우리에게
힘과 평정을 안 주실 리 없습니다.

2013. 5. 12. 성 베드로 광장 미사 강론

몰입

　　　　　　　　　젊은이 여러분에게 각별히 건네고 싶은 말이 있습니다. 일상의 본분에, 공부에, 일에, 친구 관계에, 다른 사람들을 돕는 일에 몰두하십시오! 여러분의 미래는 생애의 이 소중한 한 해, 한 해를 어떻게 살아가느냐를 아는 데 달렸습니다. 투신을 무서워하지 말고 희생을 두려워하지 마십시오! 미래를 겁먹은 눈으로 바라보지 마십시오! 희망을 생생하게 간직하십시오! 지평선에는 늘 빛이 있습니다.

2013. 5. 1. 일반 알현

부드러움

누구를 보살피고 지켜주려면 선의가 필요합니다. 부드러움을 갖고 살아야 합니다. 복음서들을 보면 성 요셉은 강직하고 용감한 노동자로 등장하지만 그의 정신에는 대단한 자상함이 엿보입니다. 자상함은 약자의 덕목이 아니고 되레 정신의 강직함, 주의력, 동정심, 타인을 향한 진정한 개방 그리고 사랑하는 역량을 보여줍니다. 선의를 두고, 부드러움을 두고 겁을 먹어서는 안 됩니다!

2013. 3. 19. 교황 직무 개시 미사 강론

박애 정신

여정을 시작합시다. 주교와 백성, 로마 교회, 사랑으로 모든 교회들을 통솔하는 로마 교회의 이 여정을 시작합시다. 박애와 사랑과 신뢰의 여정입니다. 우리를 위해 늘 기도합시다. 서로서로 기도해줍시다. 온 세상을 위해 기도합시다. 거대한 박애 정신이 이루어지게 기도합시다.

2013. 3. 13. 새 교황 첫 인사

기쁨

여러분에게 건네고 싶은 첫마디가 이것입니다. '기쁨'! 절대로 슬픈 남자, 슬픈 여자가 되지 마십시오! 그리스도인은 결코 슬픈 사람이 될 수 없습니다. 의기소침한 기분에 사로잡히게 그냥 두지 마십시오. 우리의 기쁨은 많이 소유하는 데서 오는 기쁨이 아닙니다. 한 인물, 예수님을 만났다는 사실에서 오는 기쁨입니다. 그분이 우리 사이에 계시며, 그분과 함께라면 우리는 결코 혼자가 아님을 아는 데서 오는 기쁨입니다. 곤란한 순간순간에도, 삶의 여정이 문제에 부딪치더라도, 장애물과 마주치더라도, 도저히 극복 못 할 것처럼 보이더라도, 그 수가 엄청나더라도 말입니다. 그리고 바로 이런 순간에 원수가 옵니다. 악마가 다가옵니다. 천사의 얼굴을 가면으로 쓰고 오는 때가 아주 많습니다. 그러고서 함정을 파

면서 자기 말을 우리에게 건넵니다. 그러니 그자의 말을 듣지
마십시오! 예수님을 따라갑시다!

2013. 3. 24. 성지주일 강론

젊은이들

사랑하는 젊은이들이여, 여러분이 입장할 때에 줄지어 들어오는 모습을 보았습니다. 나는 여러분이 예수님 주변에서 축제를 지내는 모습을 상상합니다. 올리브 가지를 흔들어대면서 말입니다. 여러분이 그분의 이름을 외치면서 그분과 함께하는 기쁨, 여러분의 기쁨을 드러내는 광경을 상상합니다. 신앙의 축제에서 젊은이 여러분은 참 중요한 역할을 맡습니다. 여러분은 우리에게 신앙의 기쁨을 가져다줍니다. 신앙은 늘 젊은 마음으로 살아가야 한다는 것이 여러분이 우리에게 들려주는 말입니다. 젊은 마음! 나이 일흔이 되어서도, 여든이 되어서도 말입니다. 젊은 마음! 그리스도와 함께라면 마음이 결코 늙지 않습니다!

그렇지만 우리 모두가 압니다. 그리고 여러분은 더 잘 알고 있습니다. 우리가 뒤따르는 임금, 우리를 데리고 가는 임금은 아주 특별한 데가 있습니다. 십자가에 달리기까지 우리를 사랑하는 임금입니다. 우리에게 섬기기를, 사랑하기를 가르치는 임금입니다. 그러니 여러분도 십자가를 부끄러워하지 마십시오! 십자가를 끌어안으십시오! 여러분은 깨달은 바가 있기 때문입니다. 자기를 내주는 데서, 자기 증여에서, 자기한테서 나가는 데서 참다운 기쁨이 있음을! 그분이 하느님의 사랑으로 악을 이기셨음을! 여러분이 순례의 십자가를 지고 가십시오! 모든 대륙을 거쳐서, 세상의 모든 길을 거쳐서 십자가를 지고 가십시오! 예수님의 부탁, 올해 세계 청소년의 날의 주제인, "너희는 가서 모든 민족들을 제자로 삼아라!"라는 말씀에 호응해서 십자가를 져 나르십시오! 십자가를 지고 가서 모든 사람에게 말하십시오! 십자가 위에서 예수님이 원수들의 적대 관계의 담벼락을 무너뜨리셨다고, 사람들을 갈라놓고 겨레들을 갈라놓는 장벽을 무너뜨리셨다고, 화해와 평화를 가져오셨다고 말하십시오!

2013. 3. 24. 성지주일 강론

자비심

예수님의 메시지는 바로 이것입니다. 자비심. 감히 말씀드립니다만, 내게는 주님의 가장 힘 있는 메시지입니다.

2013. 3. 17. 성 안나 성당 미사 강론

가장 큰 용기

가장 큰 용기는 예수님의 자비에 나를 맡겨드리는 용기입니다. 예수님의 인내심에 의탁하는 용기, 그분의 사랑의 상처 안으로 늘 몸을 피하는 용기 말입니다.

2013. 4. 7. '로마 교좌' 착좌 미사 강론

닮아가기

마음을 허락하여 하느님의 자비에 말려들도록 합시다. 우리에게 늘 시간적 여유를 주시는 그분의 인내심에 의탁합시다. 그분의 집으로 돌아가는 용기를 냅시다. 잠자코 그분의 사랑을 받기로 함으로써 그분의 사랑의 상처 속에 머무는 용기를 가집시다. 성사들에 담긴 그분의 자비를 마주하는 용기를 가집시다. 그토록 아름다운 그분의 자상하심을 감지하기에 이를 것입니다. 그분의 포옹을 감지할 것입니다. 그러고 나면 우리도 자비심, 인내심, 용서 그리고 사랑을 펴는 능력을 갖추게 될 것입니다.

2013. 4. 7. '로마 교좌' 착좌 미사 강론

관대함

　　　　　　　이냐시오 성인이 우리에게 가르친 바
에 의하면, 학교에서 배우는 기본 요소는 관대한 사람이 되는
법을 배우는 일입니다. 관대함, 위대한 것과 미소한 것을 아
우르는 이 덕(가장 위대한 것도 가로막지 않고 가장 미소한 것
도 포용함은 신성하다Non coerceri maximo contineri minimo,
divinum est), 이 덕은 우리로 하여금 늘 지평선을 바라보게 만
듭니다.

　관대한 사람이 된다 함은 무엇을 뜻할까요? 통 큰 마음을
갖는다는 뜻이고 위대한 정신을 갖춘다는 뜻입니다. 위대한
이상을 품고, 하느님이 우리에게 요구하시는 바에 호응하여
큰일을 성취하겠다는 열망을 품고, 바로 그런 목표로 일상의
것을 잘 이루어간다는 말입니다. 일상의 행동 모두를, 모든 과

업을, 사람들과의 모든 만남을 잘해낸다는 뜻입니다. 나날의
작은 일들을 하느님과 타인들에게 열린 통 큰 마음으로 해낸
다는 뜻입니다.

2013. 6. 7. 예수회가 운영하는 학교 학생들에게 행한 연설

순교

우리는 방금 선포된 하느님 말씀에 비추어 새 성인들을 우러러보려 합니다. 그리스도께 충실하라고, 순교에 이르기까지 충실하라고 초대한 한마디 말씀입니다. 그리스도와 그분의 복음을 만민에게 가져가는 일은 시급하고도 아름다운 일임을 그들이 우리한테 일깨웠습니다. 사랑의 증거에 관해서 우리에게 얘기해주었습니다. 사랑의 증거 없이는 순교마저도, 선교마저도 그리스도교의 고유한 맛을 잃어버립니다.

2013. 5. 12. 성 베드로 광장 강론

평화

부활하신 예수님이 친히 남기신 말씀을 써서 부활절 축하 인사를 모두에게 드립니다.

"평화가 여러분과 함께!"(요한복음 20, 19. 21. 26)

이것은 인사가 아닙니다. 단순한 축하도 아닙니다. 그보다는 하나의 선물입니다. 그리스도께서 죽음과 저승을 거쳐 가신 다음에 제자들에게 건네주시는 아주 소중한 선물입니다. 평화를 선물하십니다. 당신이 언약하신 대로입니다.

"나는 너희에게 평화를 남기고 간다. 내 평화를 너희에게 준다. 내가 주는 평화는 세상이 주는 평화와 같지 않다."(요한복음 14, 27)

이 평화는 악 위에 드러난 하느님 사랑의 승리에서 오는 열매입니다. 또한 용서의 결실이기도 합니다. 그렇습니다, 참

된 평화, 그 깊은 평화는 하느님의 자비를 체득하는 데서 옵
니다.

2013. 4. 7. 삼종기도

성덕

　　　　　결연하게 성덕을 향하여 걸어나가십시
오! 평범한 그리스도인 생활로 만족하지 마십시오! 여러분의
소속 자체가 여러분에게 예수 그리스도를 더욱 사랑하는 자
극이 되게 하십시오!

2013. 5. 5. 신심 단체들을 위한 미사 강론

성덕의 중산층

하느님의 거대한 계획 안에서는 모든 세부 사항들이 중요합니다. 그대의 것도, 내 것도, 비록 작고 비천한 증언일지라도 중요합니다. 가족, 일터, 우정의 제반 관계가 갖는 일상에서도 소박하게 자기 신앙을 행하는 사람의 숨은 증언도 중요합니다. 매일의 성인들이 있습니다. '숨겨진' 성인들도 있습니다. 어느 프랑스 작가가 말한 대로, '성덕의 중산층'이라는 것도 있습니다. 그러니 저 '성덕의 중산층'에는 우리 모두가 낄 수 있겠습니다.

2013. 4. 14. 산 파올로 대성당 미사 강론

깨어 있기

기억해두십시오. 미움과 질투, 오만은 삶을 더럽힙니다. 지킨다는 것은 우리 감정, 우리 마음을 깨어 지킨다는 뜻입니다. 선한 의도든 악한 의도든 바로 거기서 나오는 까닭입니다. 건설하려는 의도든 파괴하려는 의도든 거기서 나오는 까닭입니다. 선의라는 것을 두려워하지 마십시오! 부드러움이라는 것 역시 두려워하지 마십시오!

2013. 3. 19. 교황 직무 개시 미사 강론

내면의 자유

내면의 자유를 갖는다 함은 무슨 뜻일까요? 개인적인 계획에서 자유롭다는 뜻입니다. 여러분이 어느 날 이런저런 구체적인 방식을 세우고 그 방식에 따라 여러분의 사제직을 보내고 싶다는 생각을 했을지 모르는데, 그런 것에서 자유롭다는 말입니다. 여러분의 미래를 스스로 설계할 수 있으리라는 가능성으로부터도 자유롭다는 말입니다. 사목 활동을 하는 '여러분의' 자리에서 오래 머물리라는 전망에서 자유롭다는 뜻입니다. 여러분 출신지의 문화와 사고방식에 관해서까지 어느 모로든 자유로워진다는 말입니다. 그것을 망각하자는 말이 아닙니다. 부정하자는 말은 더더욱 아닙니다. 그보다는 다른 문화들을 이해하는 데, 여러분의 세계와는 아주 멀리 떨어진 세상에 속하는 사람들과 만나는 데 사랑을 갖고 마음을 열자는 것입니다.

무엇보다도 개인적 야망과 목표에서 자유로워지도록 조심을 다한다는 것입니다. 그런 일은 교회에 엄청난 해악을 끼칠 수 있습니다. 여러분의 자기실현을, 교회 공동체 안팎에서 여러분이 받을 수도 있는 인정을 첫 자리에 올려놓지 않도록 늘 조심해야 합니다. 복음을 명분으로 한 보다 상위의 선을, 여러분에게 맡겨질 사명 완수를 첫 자리에 두어야 합니다. 그리고 나를 위한 야심과 개인적 목표로부터 자유로움도 중요합니다. 매우 중요합니다. 출세주의는 나병입니다. 일종의 문둥병입니다. 간곡히 당부합니다. 출세주의는 지양해야 합니다. 바로 이런 동기에서도 여러분의 교회관이 무엇이든, 그것이 비록 합법적인 것이더라도, 여러분의 개인적인 이상과 판단을, 베드로의 시각이라는 지평에 통합하려는 자세를 가져주십시오! 그리스도의 양 떼의 친교와 일치에 봉사하는 베드로의 특유한 사명이라는 지평에 통합해주십시오! 온 세상을 끌어안아야 하는 베드로의 사목적, 사랑이라는 지평에 맞추려는 자세로 임하십시오! 여러분이 준비하는 것은 직무입니다. 기억하십시오, 여러분은 하나의 직업을 준비하고 있는 것이 아니라 하나의 직무를 준비하고 있습니다. 이 직무는 여러분이 자신을 벗어나 밖으로 나가라고 요구합니다. 자기로부터의 이탈을 요구합니다. 그런 이탈은 진솔한 영적 여정을 통해서, 여러분의 삶을 하느님 사랑의 신비에, 하느님의 부르심이 갖고 있는, 결코 들여다볼 수 없는 계획에 진지하게 통합함으로써 도달할 수 있습니다. 신앙의 빛 속에서 우리는 우리 계획으로부터, 우리 의지로부터 자유로운 삶을 살아갈 수 있습니다. 그런 것을 박탈하고 제거한다는 동기에서가 아니고 하느님의 넘치는 선물에 마음을 연다는 동기에서 하는 말입니다. 그것이 우리 사제직을 풍요롭게 만들어줍니다.

2013. 6. 6. 교황립 외교관 아카데미아에 행한 연설

밖으로 나가기

그리스도를 따르고 그리스도를 수행하고 그리스도와 함께 머물려면 '밖으로 나가는' 용기가 필요합니다. 나가야 합니다. 자기 자신에게서 나가야 합니다. 지쳐버린 신앙, 습관화된 신앙에서 나가고, 자기의 고유한 도식에 갇히려는 유혹에서 나가야 합니다. 이런 삶과 유혹은 하느님의 창조 활동이 띠는 지평을 차단하고 맙니다. 하느님은 우리 사이에 오시려고 당신 밖으로 나오신 분입니다. 당신 자비를 우리에게 가져다주시려고 우리 사이에 천막을 치셨고, 그 자비는 우리를 구원하고 또 희망을 선사합니다. 그러니 우리도 그분을 뒤따라가고 그분과 함께 머물고 싶다면 아흔아홉 마리 양들의 울타리 안에 머무는 것으로 만족해서는 안 됩니다. 나가야 합니다. 그분과 더불어 잃은 양을, 더 멀리 간 양을 찾으러 가야 합니다. 잘 기억해두십시오! 예수님처럼, 하느님께서 예수님 안에서 당신 밖으로 나가신 것처럼, 예수님이 우리 모두를 통해서 당신 밖으로 나가신 것처럼 우리한데서 나가야 합니다.

2013. 3. 27. 일반 알현

사랑의 실천

우리 자신에게서 나가는 일. 남녀 인간들이 살고 일하고 고통받는 현장으로 가는 일, 바로 그 사람들에게 아버지의 자비심을, 나자렛 사람 예수 그리스도 안에서 사람들에게 알려진 그 자비심을 선포하는 일.

2013. 6. 17. 로마 교구 교회 회의 참석자들에게 행한 연설

2부
....
위로의 말들

그들에게 희망을 선사하십시오!
그들의 여정에 낙관주의를 선물하십시오.
창조계와 인간의 아름다움과 선함을 가르치십시오.
인간은 창조주의 손도장을 늘 간직하고 있습니다.
무엇보다 여러분이 전수하는 바를
여러분의 삶으로 입증하는 증인이 되십시오.

인생은 걸어가는 것

"야곱 집안아, 자, 주님의 빛 속에 걸어 가자!"(이사야 2, 5)

하느님이 아브라함에게 건네신 첫마디가 이것입니다.

"내 눈앞에서 거닐어라! 나무랄 데 없도록 해라! 걸어간 다."

우리 인생은 걷는 일입니다. 발걸음을 멈추면 일이 안 됩 니다. 늘 걸어야 합니다. 주님의 눈앞에서, 주님의 빛 속에서, 하느님께서 아브라함에게 요구하셨던 대로 나무랄 데 없이, 당신의 언약을 간직하고서 걸어야 합니다.

2013. 3. 14. 추기경들과 집전한 미사 강론

가꾼다는 것

　　　　　　　땅을 가꾸고 지킨다는 것은 무슨 말일
까요? 우리는 정말 창조계를 가꾸고 지키는 중일까요? 아니
면 창조계를 착취하고 소홀히 하고 있을까요? 나에게 '가꾼
다'라는 말은, 농사꾼이 자기 땅이 열매를 거두도록 보살피고
그 열매가 나누어지도록 마음 쓰는 일과 같습니다. 여기에는
얼마나 큰 조심성과 성의, 그리고 오랜 헌신이 요구되는지 모
릅니다.

　　창조계를 가꾸고 지키라는 것은 하느님의 지시입니다. 역
사의 시초에만 내린 것이 아니고 우리 각자에게 내리는 하느
님의 지시입니다. 하느님 계획의 일부입니다. 책임감을 갖고
세상을 키워나가고 세상을 변모시켜서 하나의 정원이 되게,
모두가 살 만한 자리로 바꾸는 일입니다.

창조주 하느님께로부터 우리에게 맡겨진 이 임무는 창조의 리듬과 논리를 받아들이도록 요구합니다. 우리는 자칫 창조계에 대한 경이와 관상(觀想)과 경청의 자세를 잃기 쉽습니다.

2013. 6. 5. 일반 알현

우정

예수님은 당신 벗들과 더불어 한 가지
를 이루고 싶어 하셨습니다. 당신이 아버지와 맺고 있는 관계
와 같은 관계를 반영하고 싶어 하셨습니다. 충만한 신뢰 속에
서, 내밀한 친교 속에서 서로에게 소속하는 그런 관계 말입니
다. 그처럼 깊은 관계를 표현하고 그러한 우애를 드러내고 싶
으셔서 예수님은 양치기와 그의 양들 사이의 관계라는 이미지
를 사용하십니다. 양치기는 양들을 부르고 양들은 그의 목소
리를 알아봅니다. 그래서 부름에 따르고 양치기를 따라갑니
다. 이 비유는 참 아름답습니다! 목소리의 신비라는 것을 암
시합니다. 우리는 어머니의 배 속에서부터 어머니의 목소리를
알아듣는 법을 배웁니다. 아버지의 목소리도 알아듣습니다.
어투만으로 그 소리가 사랑인지 멸시인지, 애정인지 냉정인지

간파합니다. 예수님의 목소리는 참으로 독특합니다. 우리가
그 목소리를 구분하는 법을 배운다면 그분이 우리를 생명의
길로 끌어가십니다. 그 길은 죽음의 심연까지도 건너가는 그
런 길입니다.

2013. 4. 21. 부활삼종기도

지키는 사람들

지키는 일은 우리 그리스도인들에게만 해당하지 않습니다. 그보다 선행하는 차원이 있고 단순히 인류라는 이유 때문에 해당하는 차원이 있습니다. 모든 사람들에게 해당합니다. 창조계 전체를 지키고 창조계의 아름다움을 지키는 일입니다. 창세기 책에 기록되어 우리에게 전해지는 그대로입니다. 아시시의 프란치스코가 우리에게 보여준 그대로입니다. 그는 하느님의 모든 피조물에게 존중을 표했습니다. 우리가 사는 환경에 존경을 표했습니다. 사랑을 갖고 사람들을 지키는 일입니다. 모든 사람들을 한 명, 한 명 돌보는 일입니다. 특히 어린이들, 늙은이들, 제일 나약한 사람들을 먼저 돌봐야 합니다. 그들은 보통 우리 마음에서도 저 변두리로 밀려나 있습니다. 가정 안에서 서로서로 보살펴야 합니다.

부부는 서로 간에 지켜주도록 합니다. 다음에는 부모로서 자녀들을 보살핍니다. 시간이 흐르면 자녀들도 부모를 보살피는 지킴이가 됩니다. 그리고 성실을 다하여 우애를 나누게 됩니다. 우애란 신뢰하면서 상호 간에 지켜주는 일입니다. 존중과 선으로 지켜줍니다. 근본적으로 모든 것이 인간의 보호에 맡겨져 있습니다. 그래서 지키는 일은 우리 모두에게 주어지는 책임입니다. 하느님의 선물들을 지키는 사람이 되십시오!

2013. 3. 19. 교황 직무 개시 미사 강론

돈이 지배하는 세상

인권을 그토록 많이 말하는 세상이면서도 실제로는 인간 존엄성이 짓밟히는 일이 얼마나 많은가요! 권리를 그토록 많이 말하는 세상에서 유일하게 갖고 싶은 것은 돈 같습니다. 우리가 사는 세상은 돈이 지배하는 세상입니다. 우리가 사는 세상, 우리가 사는 문화는 금전이라는 물신이 다스리는 곳입니다.

2013. 5. 24. 이주사목평의회 총회 연설

폐기품의 문화

　　　　　　오늘날 명령을 내리는 자는 인간이 아
닙니다. 돈입니다. 돈이, 금전이 세상을 좌지우지합니다. 우리
아버지 하느님은 땅을 지키는 임무를 주셨는데, 그 임무는 돈
이 아니라 사람에게 맡기셨습니다. 남자들과 여자들에게 맡
기셨습니다. 이 임무는 우리가 지고 있습니다. 그럼에도 불구
하고 남자와 여자라는 인간들이 이윤과 소비라는 우상에 제
물로 바쳐지고 있습니다. '폐기품의 문화'입니다.

2013. 6. 5. 일반 알현

사막의 영성

그리스도는 한번 죽고 부활하셨습니다. 단 한 번으로 길이길이, 만인을 위하여 그렇게 하셨습니다. 그러나 부활의 위력, 악의 노예살이에서 선의 자유 신분으로 옮겨간 이 변화는 매 시간에 실현을 보아야 합니다. 우리 실존의 공간에서, 나날의 삶에서 실현을 보아야 합니다. 오늘날에도 인간 존재는 얼마나 숱한 사막을 건너야 하는지요! 더구나 자기 내면에 있는 사막 말입니다. 하느님의 사랑이 결여될 적에, 이웃을 향하는 사랑이 결여될 적에 생기는 사막 말입니다.

2013. 3. 31. 부활절 축복 메시지

사람들 사이의 다리

로마 주교의 명칭 가운데 하나가 폰티펙스(pontifex, 대사제)입니다. 다리를 건설하는 사람입니다. 하느님과의 다리, 사람들 사이의 다리를 놓는 사람입니다. 내가 간절히 원하는 바는, 우리 사이의 대화가 모든 사람들 사이에 다리를 놓는 일에 도움이 되었으면 합니다. 그래서 각자가 타인에게서 원수를 보는 것이 아니고, 경쟁자로 보는 것이 아니고, 받아들이고 얼싸안을 형제로 볼 수 있었으면 좋겠습니다. 나의 출신부터가 다리를 세우는 일을 하라고 나를 떠다밉니다. 내 가족은 여러분이 알고 있듯이 이탈리아 출신 가족입니다. 그래서 내 속에는 이 대화가 늘 생생하게 자리 잡고 있습니다. 지역들 사이에도, 문화들 사이에도, 그들 간의 거리에도, 세계 지도자와 다른 지도자 사이에도 말입니다. 그것들이

오늘날에는 더욱 가깝고 상호 의존하고 있으며 만남을 필요
로 하고 진정한 형제애의 공간을 실제로 창조해낼 필요가 있
습니다.

2013. 3. 22. 주교황청 외교단에 행한 연설

대화의 참자세

대화를 한다는 것은 상대방이 뭔가 좋은 것을 갖고 있다고 확신한다는 뜻입니다. 상대주의에 빠지지 않고서도 내게 말해줄 만한 좋은 것, 내 관점, 내 견해, 내 착안에 자리를 넓혀줄 만한 무엇을 갖고 있으리라는 확신입니다. 그리고 대화를 하려면 방어벽을 낮추고 문을 열 필요가 있습니다.

2013. 6. 14. 『치빌타 카톨리카』 저술가 단체에 행한 연설

진리의 탐구

　　　　　최근에 인류의 시야에서 하느님과 신적인 것을 제거해버리려는 시도로 얼마나 많은 폭력이 행사되었는지 우리는 압니다. 그리고 인간이 원천적으로 초월을 향해 열려 있음을 우리 사회에서 증언하는 것이 얼마나 가치 있는 일인지를 우리는 감지하고 있습니다. 그 초월이 인간의 마음에 뿌리박고 있습니다.

　그런 점에서 어느 일정한 종교 전통에 속한다고 인정은 않지만 진리를 탐구한다고 느끼는 모든 인간들을 우리는 가깝게 느낍니다. 진리를 탐구하고 선을 탐구하고 아름다움을 탐구하는 과정을 통해 사람들은 하느님의 이 진선미를 감지하고 있습니다. 그런 사람들은 인간의 존엄성을 옹호하는 일, 국민들 사이에서 평화로운 공존을 도모하는 일, 성심과 조심을

다하여 창조계를 지키는 일을 함께 이루어나가는 우리의 소중

한 동맹들입니다.

2013. 3. 20. 갈려나간 교회 대표자들에게 행한 연설

새로움

'새로움'은 우리를 자주 겁먹게 합니다. 하느님이 우리에게 가져다주시는 새로움, 하느님이 우리에게 요구하시는 새로움 역시 그렇습니다. 복음서에 나오는 사도들과 흡사합니다. 흔히 우리는 자신의 안전을 앞세우고, 무덤 앞에서 걸음을 멈추고, 죽은 이를 향한 사념에서 그치고 싶어 합니다. 그러고서는 역사에 대한 기억만 품고 살아갑니다. 역사는 곧 과거의 위인들이라고 생각합니다. 우리는 하느님이 우리를 놀라게 만드시지나 않을까 두려워합니다. 우리 삶에서 우리는 하느님의 기습에 두려움을 품고 있습니다! 그분은 늘 우리를 놀라게 만드십니다! 주님은 그런 분이십니다.

하느님이 우리 삶에 가져다주시려는 새로움에 마음을 닫지 맙시다. 우리는 빈번히 지치고 낙담하고 슬퍼합니다. 죄의

무게를 느끼고, 해내지 못하리라는 생각을 하고는 합니다. 자신 안에 갇혀 있지 맙시다. 신뢰심을 잃지 맙시다. 절대 포기하지 맙시다. 하느님이 바꾸실 수 없는 상황이란 존재하지 않습니다. 우리가 그분께 마음을 여는 한, 하느님이 용서 못 하실 죄는 없습니다.

2013. 3. 30. 부활 성야 강론

선물

하느님은 우리에게 아버지가 되십니다. 성령은 우리 마음속에 하느님의 자녀라는 새로운 신분을 실현해내십니다. 예수님의 파스카 신비에서 우리가 받는 가장 큰 선물이 이것입니다. 하느님은 우리를 자녀로 대하시고 우리를 이해하시고 우리를 용서하시고 우리를 안아주시고 우리가 잘못하더라도 우리를 사랑하십니다. 구약에서 이사야 예언자가 하던 말이 있습니다. 설령 어미가 아들을 잊는 일이 있더라도 하느님이 우리를 잊으시는 일은 결코 없다고 합니다. 어느 순간에도 잊지 않으십니다.(이사야 49, 15 참조) 그리고 이것은 멋진 얘기입니다.

하지만 하느님과 부자(父子)라는 이 관계는 우리 삶의 한 구석에 간수만 해놓을 보물 같은 것이 아닙니다. 키워나가야 합니다. 하느님의 말씀을 들어 나날이 배양해야 합니다. 기도하고 성사에 참여하며, 특히 고백성사와 성찬의 성사, 애덕으로 키워나가야 합니다.

2013. 4. 10. 일반 알현

경제

경제의 목적, 정치의 목적은 사람들에게 바치는 봉사입니다. 어디에 있든지 제일 가난하고 제일 약한 사람들에게 바치는 봉사에서 시작합니다. 어머니의 태 속에 있을 수도 있습니다. 경제와 정치의 모든 이론과 실천은 지구에서 거주하는 사람 각자에게 최소한의 복지를 제공하기 위해서 작동해야 합니다. 품위를 갖고 자유로이, 가족을 부양하고 자녀를 가르치고 하느님을 찬미하고 자기의 인간적 역량을 발전시킬 가능성이 제공되어야 합니다. 이것은 원칙적인 것입니다. 이런 비전이 없다면 경제 활동 전체가 의미를 못 갖습니다. 그런 뜻에서 현대 세계가 당면하고 있는 다양하고 중대한 정치적·경제적 도전들은 우리에게 과감한 태도 변화를 요구하고 있습니다. 목적(인간)과 수단(경제와 정치)에 본연의

위치를 되돌려주어야 합니다. 돈과 다른 정치적·경제적 수단
들이 지배해서는 안 되고 어디까지나 봉사해야 합니다. 무상
으로 주어지고 이해관계를 떠난 연대감이, 표면상으로는 역설
적으로 보이지만, 무난한 글로벌 경제 운용의 열쇠입니다.

2013. 6. 15. 영국 총리 데이비드 캐머런에게 보낸 서한

교육의 균형

      엄마는 자녀가 인생의 문제들을 현실성
있게 바라보도록 도와줍니다. 그런 문제들에 말려들어 헤매
지 않고 용감하게 대면하도록 돕습니다. 나약해지지 않고 그
문제들을 극복하는 법을 알아내도록 돕습니다. 안전한 환경
과 위기의 지점 사이에서 엄마로서 건전한 균형을 '감지'합니
다. 그리고 그런 균형을 유지하면서 극복하는 법을 알아내도
록 돕습니다.

  엄마라면 이런 일을 해낼 줄 압니다. 아들을 반드시 안전
한 길로만 데려가지 않습니다. 그랬다가는 아들이 제대로 성
장하지 못하는 까닭입니다. 그렇다고 모험의 길에만 놓아두
지도 않습니다. 그랬다가는 위험하기 때문입니다. 엄마라면
균형을 취할 줄 압니다. 도전이 없는 삶이란 존재하지 않습니

다. 소년이든 소녀든 그런 것을 감당하고 마주할 줄 모른다면 뼈대가 없는 소년, 소녀입니다.

2013. 5. 4. 산타 마리아 대성당에서 행한 연설

참된 교육

교육한다는 것은 직업이 아닙니다. 하나의 자세입니다. 존재하는 방식입니다. 교육을 하려면 밖으로 나갈(educare = e-ducere, '데리고 나가다') 필요가 있습니다. 자기한테서 나와 청소년 사이에 서야 합니다. 그들의 곁에 자리 잡고 그들이 성장하는 한 단계, 한 단계를 동반해야 합니다. 그들에게 희망을 선사하십시오! 그들의 여정에 낙관주의를 선물하십시오. 창조계와 인간의 아름다움과 선함을 가르치십시오. 인간은 창조주의 손도장을 늘 간직하고 있습니다. 무엇보다 여러분이 전수하는 바를 여러분의 삶으로 입증하는 증인이 되십시오.

2013. 6. 7. 예수회가 운영하는 학교 학생들에게 행한 연설

성찬

주님의 말씀을 듣는 가운데, 그분의 몸과 피로 우리를 기르는 가운데, 그분은 우리가 그냥 대중으로 존재하는 데서부터 공동체로 존재하는 데로 옮겨 가게 합니다. 익명의 존재에서 친교로 건너가게 만듭니다. 성찬은 친교의 성사입니다. 개인주의를 탈피하여 그분을 따르고 그분에게 드리는 믿음을 함께 살아가게 만듭니다.

2013. 5. 30. 주님의 성체와 성혈 대축일 강론

경제 위기

　　　　　재정과 경제를 뒤흔드는 세계적 위기야
말로 경제가 얼마나 왜곡되어 있는지, 그것에 인간학적 전망
이 얼마나 심하게 결핍되어 있는지 드러내는 것으로 보입니
다. 오늘날에는 인간이라는 것을 인간의 욕구, 곧 소비로만 축
소시키고 있습니다. 그리고 더 나쁜 것은 인간 존재가, 인간
본인이 일종의 소비재로, 쓰고 나서 버릴 수 있는 소비재로 간
주되고 있다는 점입니다. 이 '폐기품의 문화'를 개시한 것은 우
리 자신입니다. 이런 귀결을 개인적 차원에서, 사회적 차원에
서 만나게 됩니다. 심지어 이런 문화가 애호를 받고 있습니다!
　그런 맥락에서는 연대성, 가난한 사람들의 보화라고 할 연
대 의식은 재정적 · 경제적 합리성에 역효과를 내고 상치되는
것처럼 평가됩니다. 그 대신 소수의 소득은 기하급수적으로

상승하고 대다수의 소득은 취약해지는 중입니다. 이런 불균형은 시장의 절대 자율을 장려하고 재정적 투기매매를 장려하는 데서 연원하고, 공동선을 담보하는 기능을 맡은 것이 국가임에도 불구하고 국가의 감독 권리를 거부하는 이데올로기에서 연원합니다. 여기서 보이지 않는 폭정, 자칫하면 잠정적인 폭정이 수립되고, 일방적으로, 또 치유 가능성이 전혀 없이 그 폭정의 법과 규칙이 부과되고 있습니다.

그뿐이 아닙니다. 부채와 채권이 여러 나라들을 실질 경제로부터 멀리 떼어놓고 국민들에게서도 실질 구매력을 박탈해버립니다. 거기다가 확장 일로의 부정부패와 이기적인 조세 회피는 이제 전 세계적 규모를 띠게 되었습니다. 권력과 소유의 의지가 한계가 없는 것이 되고 말았습니다.

2013. 5. 16. 신임 대사들에게 행한 연설

이상

　　　　　여러분의 이상을 땅속에 묻어두지 마십시오! 위대한 이상에 투기하십시오! 마음을 넓게 열어주는 이상, 봉사의 이념에 투기하십시오! 그런 이념들은 여러분이 타고난 탤런트의 풍부한 결실을 만듭니다. 삶이란 우리 자신을 위해 욕심스럽게 간수하라고 주어진 것이 아닙니다. 선사하라고 주어졌습니다. 사랑하는 젊은이들이여, 통 큰 마음을 지니십시오! 겁내지 말고 위대한 것들을 꿈꾸십시오!

2013. 4. 24. 일반 알현

인생의 우상

우리가 품고 있고 우리가 그리로 숨어
드는, 크고 작은 우상들을 치워버리십시오! 흔히도 우리는 그
것들에서 안전을 찾습니다. 우리가 잘 감춰 간수하는 것일수
록 대개는 우상입니다. 그것은 야심일 수도 있고, 출세일 수도
있으며, 성공의 쾌감일 수도 있고, 자기를 중심에 세우는 일일
수도 있고, 다른 사람들 위에 딛고 서는 성향일 수도 있고, 우
리가 우리 인생의 유일한 주인이라고 뻐기는 일일 수도, 우리
가 유난히 묶이는 어떤 죄일 수도, 다른 많은 것들일 수도 있
습니다. 오늘 저녁은 각자의 마음에 하나의 물음이 울렸으면
합니다. 그리고 솔직하게 그 물음에 답변했으면 좋겠습니다.
나도 생각했습니다.

'내 생애에서 나는 어떤 우상을 숨겨왔던가? 내가 주님을

흠숭하지 못하게 방해한 우상이 무엇이었던가?'

'흠숭한다'는 것은 우리 우상들을 치워버리는 것입니다. 가장 깊이 숨겨진 우상까지도. 그러고서 주님을 중심으로, 길로, 우리 인생의 스승으로 택하는 일입니다.

2013. 4. 14. 산 파올로 대성당 미사 강론

용기가 곧 자유

우리 시대에 와서는 최종 결정을 내린다는 것이 얼마나 어렵습니까! 그래서 '임시'라는 것이 곧잘 우리를 기만하곤 합니다. 우리는 무엇이든 임시로 하는 그런 경향에 몰리는 희생물이 되고 있습니다. 마치 소년기에 그대로 머무르고 싶어 하듯이 말입니다. 소년으로 머무는 것은 매력적이기도 합니다. 평생을 그렇게 머무를 수만 있다면 말입니다. 우리는 제발 결정적 과업이라는 것을 두려워하지 맙시다. 일생이 좌우되고 일생이 관련되는 그런 과업 말입니다. 그렇게 해야만 삶이 풍부한 결실을 낳을 것입니다. 그리고 거창하게 이런 결정을 내릴 용기를 지니는 것, 이것이 곧 자유입니다.

2013. 5. 4. 산타 마리아 대성당 연설

언행일치

아시시의 프란치스코 성인이 자기 형제들에게 건넨 충고 하나가 떠오릅니다.

"복음을 설교하시오! 그리고 필요하다면 말로도 하시오!"

삶으로 설교하십시오. 증거를 하십시오! 신앙인들과 사목자들이 말하는 것과 행하는 것 사이에서 일관성이 없다는 것, 말과 생활 방식 사이가 상합하지 않는다는 것은 교회의 신빙성을 위협합니다.

2013. 4. 14. 산 파올로 대성당 미사 강론

노동

노동은 하느님이 세우신 사랑의 계획, 그 일부를 이룹니다. 우리는 창조계의 모든 재화를 가꾸고 지키라고 부름받았습니다. 그렇게 함으로써 우리가 창조의 과업에 참여하는 것입니다. 노동은 인간의 존엄성에 근본이 되는 요소입니다. 노동은, 비유를 써서 말하자면, 우리에게 품위라는 것을 기름칠해줍니다. 우리에게 존엄성을 채워줍니다. 우리를 하느님과 비슷하게 만듭니다. 일하셨고 일하고 계시고 항상 일하시는 하느님(요한복음 5, 17 참조)과 비슷하게 만듭니다.

한마디 보태겠습니다. 내가 심히 우려하는 아주 특이한 노동 상황입니다. 내가 지적하려는 것은 우리로서는 '노예 노동'이라고 정의할 만한 그런 노동입니다. 사람을 노예로 만드는 노동입니다. 전 세계에 얼마나 많은 사람들이 이런 형태의 노예살이에 희생물이 되고 있는지요! 사람들이 품위를 갖추도록 노동이 사람들에게 봉사를 바쳐야 하는데 여기서는 사람이 노동을 섬깁니다. 신앙 안에서 형제자매들에게 호소합니다. 선의를 가진 남녀노소 모두에게 호소합니다. 인신매매에 항의하여 결단하는 선택을 내리자고 요청하는 바입니다. 인신매매 속에 노예 노동이라는 형태가 있습니다.

2013. 5. 1. 일반 알현

자유

좋은 엄마는 성장 과정에서 자녀들을 동반하는 데서 그치지 않습니다. 삶의 문제들과 도전들을 피하지 않습니다. 좋은 엄마라면 자녀들이 자유를 갖고 결정적 결단을 내리게 돕습니다. 쉽지는 않지만 엄마는 그 일을 해낼 줄 압니다.

여기서 말하는 자유라는 것은 무엇을 뜻할까요? 무엇이든지 하고 싶은 대로 다 한다는 말은 물론 아닙니다. 분별없이 이 경험, 저 경험 다 해본다는 것도 아닙니다. 시대의 유행을 쫓는다는 말도 아닙니다. 마음에 안 드는 것은 모조리 창밖으로 내다버리는 것은 더더욱 아닙니다. 그것은 자유가 아닙니다. 자유란 삶에서 선한 선택을 내릴 줄 알라는 뜻으로 우리에게 주어진 것입니다.

좋은 엄마는 결정적 선택을 할 능력을 교육해냅니다. 하느님의 계획을 존중하고 받아들이는 완전한 자유만이 그런 선택을 하게 만듭니다.

2013. 5. 4. 산타 마리아 대성당 연설

선을 위한 자유

흔히 자유라 하면, 하고 싶은 대로 다 하는 것이려니 생각합니다. 아니면 도취해보고 권태를 이기기 위해서 경험의 한계까지 도전해보는 것으로 생각합니다. 이런 것은 자유가 아닙니다. 자유란 우리가 하고 있는 바를 반성할 줄 안다는 말입니다. 선과 악을 평가할 줄 안다는 말입니다. 사람을 성장하게 만드는 행동이 무엇인지 안다는 뜻입니다. 항상 선을 택한다는 뜻입니다. 우리는 선을 위해서 자유로운 것입니다.

2013. 6. 7. 예수회가 운영하는 학교 학생들에게 행한 연설

악마와의 투쟁

진리를 말해야 합니다. 복음을 선포하는 일, 거저 주는 은총을 가져다주는 것은 쉬운 일이 아닙니다. 우리 곁에는 예수 그리스도만 계시는 것이 아니고 적도 있습니다. 인간들을 하느님께로부터 떼어놓으려는 원수도 있습니다. 또 이 일로 우리 사도직 과업에 즉각적 보상을 보지 못하면 마음에 환멸감이 고이기도 합니다. 악마는 날마다 우리 마음에 비관주의와 환멸의 씨앗을 뿌립니다. 사람이 좌절합니다. 우리가 좌절합니다.

'안 돼! 우린 이것도 했어, 그런데도 안 돼! 저것도 했어, 그런데도 안 돼! 봐요, 저 종교를 보라고, 얼마나 사람을 많이 끌어당기는지! 그런데도 우린 못 해!'

이런 얘기를 끼워 넣는 것은 악마입니다. 그러니 영적 투쟁이 준비되어 있어야 합니다. 이것이 중요합니다. 이런 영적 투쟁 없이는 복음을 설교할 수 없습니다. 슬픔에 대항해서, 환멸감에 대항해서, 비관주의에 대항해서 날마다 벌여야 하는 씨름입니다. 매일의 씨름입니다! 씨 뿌리기는 쉽지 않습니다. 그리스도인 모두의 나날의 투쟁이 바로 이것입니다.

2013. 6. 17. 로마 교구 교회 회의 참석자들에게 행한 연설

착취

숱한 남자들과 여자들, 심지어 어린아이들이 마피아들에게 착취당하고 있습니다. 그들은 사람들을 노예로 전락시키는 일을 시키면서 착취합니다. 매춘으로, 갖가지 사회적 억압으로 괴롭힙니다. 이런 착취와 노예제도 뒤에는 마피아들이 있습니다. 이런 자들의 마음을 돌이켜주시도록 주님께 기도합시다. 이런 짓은 해서는 안 됩니다!

2013. 5. 26. 삼종기도

인간의 존엄

　　　　　'인신매매'는 가증할 행동입니다. 소위
계몽된 사회라는 우리 사회로서는 수치입니다! 착취하는 사
람들이든, 모든 수준에서 그 고객으로 오는 사람들이든 자신
앞에서, 하느님 앞에서 양심을 진지하게 성찰해야 합니다! 교
회는 오늘 다시 한 번 강력하게 호소합니다! 인간의 기본권들
을 존중하는 가운데 인간의 존엄함, 개개인이 중심이라는 점
은 반드시 옹호되어야 한다고 다시 한 번 호소합니다!

　　　　　　　　　　　　　　　2013. 5. 24. 이주사목평의회 총회 연설

권력

　　　　　　　로마의 새 주교이자 베드로의 후계자의
직무 개시를 거행합시다. 그 직무는 권력도 행사합니다. 물론
예수 그리스도께서 베드로에게 어떤 권력을 주신 것은 사실입
니다. 무슨 권력을 얘기하는 것일까요? 사랑을 두고 예수님이
베드로에게 세 번의 질문을 던지셨고, 그때마다 당부의 말씀
을 건네십니다.

　"내 어린 양들을 치라!"

　"내 양들을 치라!"

　참다운 권력은 봉사임을 절대로 잊지 맙시다. 교황도 권력
을 행사함에 있어 반드시 저 봉사라는 맥락으로 갈수록 깊이
들어가야 한다는 사실을 절대 잊지 맙시다. 그 봉사는 십자가
위에서 빛을 내면서 절정을 맞습니다. 겸허하고 구체적이고

신앙으로 풍부한 봉사를 바라보아야 합니다. 성 요셉의 봉사, 성인처럼 하느님의 백성을 모두 지키려고 두 팔을 벌려야 하고 애정과 자상함으로 전 인류를, 특히 가장 가난한 이들, 가장 나약한 이들, 가장 작은 이들을 품어 안아야 합니다. 마태오가 최후 심판에 사랑을 두고 묘사한 그 사람들(마태오복음 25, 31~46 참조), 주리고 목마르고 낯설고 헐벗고 병들고 감옥에 갇힌 사람들을 품어 안아야 합니다. 사랑으로 섬기는 사람만이 무엇이든 간직할 줄도 압니다!

2013. 3. 19. 교황 직무 개시 미사 강론

가난

어떤 사람들은 로마의 주교가 프란치스코라는 이름으로 불리고 싶어 한 까닭을 몰랐습니다. 어떤 사람들은 프란치스코 사베리오를 생각했고 어떤 사람들은 프란치스코 살레시오를 생각했고 아시시의 프란치스코를 생각하기도 했습니다. 내가 경위를 여러분에게 얘기하겠습니다. 선거를 할 즈음에 내 옆에 전임 대주교님이자 성직자성 전임 장관이기도 한 클라우디오 후메스 추기경님이 계셨습니다. 막역한 친구입니다. 사태가 좀 위태로워지자 그분이 나를 격려했습니다. 그리고 표가 3분의 2에 오르자 관례적인 박수가 나왔습니다. 교황이 뽑혔기 때문입니다. 그분이 나를 포옹하고는 입을 맞추면서 나한테 일렀습니다.

"가난한 사람들을 잊어버리지 마시오!"

그리고 그 말마디가 여기로 들어왔습니다. "가난한 사람들", "가난한 사람들!" 그다음 즉각 가난한 사람들과 연관시켜 아시시의 프란치스코를 생각했습니다. 그러고서 검표가 이루어지는 동안, 모든 표가 끝날 때까지, 그 숱한 전쟁들이 생각났습니다. 프란치스코는 평화의 인물입니다. 그래서 내 마음에 이름이 생각났습니다. 아시시의 프란치스코. 나한테는 가난의 사람, 평화의 사람, 창조계를 사랑하고 지키는 사람입니다. 이 순간에도 우리 역시 창조계와 그다지 좋지 않은 관계를 맺고 있습니다. 안 그런가요? 우리에게 이 평화의 정신을 주는 사람입니다. 가난한 사람입니다. 아, 나는 가난한 교회, 가난한 사람들을 위한 교회를 얼마나 바라는지 모릅니다!

2013. 3. 16. 매스컴 종사자들에게 행한 연설

빈자의 비명

우리의 본분들 가운데, 그리스도 사랑의 중인들로서 행하는 본분들 가운데 가난한 사람들의 비명에 목소리를 실어주는 일이 들어 있습니다. 그들이 경제의 법칙, 빈번히 인간을 오로지 소비자로 간주하는 것처럼 보이는, 경제의 법칙에 버림받는 일이 없게 하기 위함입니다.

2013. 6. 14. 캔터베리 대주교 저스틴 웰비에게 행한 연설

가난의 가르침

복음의 논리에 따라 온갖 이기주의를 이겨내는 가난. 복음은 하느님의 섭리에 믿음을 두라고 가르칩니다. 가난은 전체 교회의 하나의 지표입니다. 하느님의 나라를 건설하는 것은 우리가 아니고, 그 나라를 키워가는 것은 인간적 수단이 아니라고 가르칩니다. 일차적으로는 주님의 권세, 우리의 약함을 통해 역사하시는 주님의 은총입니다.

"너는 내 은총을 넉넉히 받았다. 나의 힘은 약한 데에서 완전히 드러난다."(코린토 2서 12, 9)

이방인들의 사도가 하는 주장입니다. 가난은 연대를 가르치고 나눔을 가르치고 사랑을 가르칩니다. 검소한 생활과 본질적인 것을 두고 기뻐하는 마음으로 표현됩니다. 삶에 대한 본연의 감각을 흐려놓는 물질적 우상들을 경계하게 만듭니다. 비천한 사람들, 가난한 사람들, 병든 사람들, 삶의 실존적 변두리에 놓인 사람들과 함께 배우는 것이 가난입니다. 이론적 청빈은 우리에게 소용없습니다. 가난은 가난한 그리스도의 살을 만져봐야 배웁니다. 비천한 사람들에게서, 가난한 사람들에게서, 병든 사람들에게서, 어린이들에게서 가난한 그리스도의 살을 만져봐야 합니다.

2013. 5. 8. 여자수도회 장상 국제연합회에 행한 연설

그리스도의 살

가난한 사람들, 버림받은 사람들, 병자들, 소외된 사람들이야말로 그리스도의 살입니다.

2013. 5. 12. 성 베드로 광장에서 행한 강론

가난! 우리 그리스도인들에게는 그것이 사회학적·철학적·문화적 범주가 아닙니다. 신학적 범주입니다. 아마도 첫째가는 범주입니다. 그러니까 저 하느님, 하느님의 아드님이 우리와 함께 길을 걸어가고 싶어서 자기를 낮추어 가난한 사람이 되셨기 때문입니다. 그리고 바로 이것이 우리의 가난입니다. 그리스도의 몸의 가난, 그분의 육화를 통해서 우리를 하느님의 아들에게 데려다준 가난. 가난한 이들을 위하는 가난한 교회는 그리스도의 살을 향해서 나아감으로써 비롯합니다. 만일 우리가 그리스도의 살을 향해 나아간다면 뭔가를 깨닫기 시작할 것입니다. 이 가난이 과연 무엇인지, 주님의 가난이 무엇인지 깨닫기 시작할 것입니다.

2013. 5. 18. 오순절 단체와의 대담

난민

교회는 어머니입니다. 교회의 모성적 관심은 자기 나라에서 피난 나오지 않을 수 없었던 사람, 자기 문화에서 뿌리 뽑혀 다른 문화에 통합되는 중간에 사는 사람에게 각별한 자상함과 친근한 태도에서 드러납니다. 자기 땅에서 뿌리 뽑힌 저런 긴장감은 자칫 사람을 파괴합니다. 그리스도인다운 동정심(함께 고통받는 마음)은 그들이 조국을 억지로 떠나지 않을 수 없게 강요하는 사건들에 관해서 알고 있어야 할 의무로 표현됩니다. 그리고 필요하다면 그들의 고통과 억압의 비명을 남이 듣게 소리를 내지 못하는 사람들에게 목소리를 부여해줄 의무가 있습니다.

2013. 5. 24. 이주사목평의회 총회 연설

요한 23세

안젤로 론칼리는 평화를 전달하는 데 유능한 사람이었습니다. 자연스럽고 평온하고 진심 어린 평화 말입니다. 그분이 교황에 뽑힘으로써 평화라는 것이 온 세상에 모습을 드러냈고 '착한 교황'이라는 이름을 얻었습니다. 요한 교황님은 평화를 전달했습니다. 저 심저에 평화로운 정신을 갖추고 있었기 때문입니다. 그분은 성령께서 평화를 이루시게 잠자코 있었습니다. 그리고 이 평화로운 정신은 자기를 닦는 고되고 오랜 수고의 결실이었습니다. 만일 평화가 외적인 성격을 띠고 있었다면 론칼리에게 순종은 내면의 자세를 이루고 있었습니다. 실제로 순종은 평화에 도달하는 도구였습니다. 이것이 우리 각자에게 내리는 가르침입니다. 우리 시대의 교회에도 가르침이 됩니다. 성령께 인도되기로 마음을 허락할 줄 안다면, 이기심을 극기하는 법을 안다면, 주님의 사랑에 자리를 만들어드리고 그분의 뜻에 여지를 만들어드리는 법을 안다면 우리도 평화의 건설자가 되는 법을 알 수 있습니다. 우리 주변에 평화를 퍼뜨리게 될 것입니다.

2013. 6. 3. 베르가모 교구 순례자들에게 행한 연설

그분의 저술들을 다시 읽노라면 교회와 정치 분야에서 각양각색의 업무에 종사하는 가운데서도 자기 영혼을 간직하는 데 늘 마음을 썼다는 인상을 줍니다. 바로 여기서 그분 내면의 자유로움이 비롯했고, 바깥으로 전달되는 즐거움이 생겨났으며, 그분의 사목적·외교적 활동의 효력이 발휘되었습니다.

2013. 6. 6. 교황립 외교관 아카데미아에 행한 연설

성 요셉

마리아와 예수님과 교회를 수호하는 자기 소명을 요셉은 어떻게 실천했을까요? 하느님께 부단히 주의를 집중했습니다. 그분이 보여주시는 표지에 마음을 열고 있었습니다. 자기 계획보다도 하느님 계획을 수행하려는 자세를 보였습니다. 그리고 이것은 하느님이 다윗에게 요구하시는 바였습니다. 하느님은 사람의 손으로 세워진 건물을 바라지 않으셨습니다. 당신의 말씀에, 당신의 계획에 충성을 다하기 바라십니다. 또 하느님도 손수 집을 지으십니다. 성령으로 날인된, 살아 있는 돌로 지어진 집입니다. 그리고 요셉은 수호자입니다. 하느님 말씀에 귀 기울이는 법을 알고, 그분의 뜻에 인도받도록 허심하고, 그럼으로써 자기한테 맡겨진 사람들에 대해 보다 예리한 감수성을 지닙니다. 그래서 사건들을 현실감 있게 읽을 줄 압니다. 자기를 둘러싼 주변에 주의를 기울입니다. 보다 현명한 결정을 내릴 줄 압니다. 사랑하는 벗들이여, 우리는 그분에게서 하느님의 소명에 사람이 어떻게 응답하는가를 봅니다. 마음 자세로, 신속하게 응답합니다. 또한 그리스도교 소명의 중심이 무엇인지도 봅니다. 그리스도입니다! 우리 삶에서 그리스도를 수호합시다! 타인들을 수호하기 위해서, 창조계를 수호하기 위해서 그리스도를 수호합시다!

2013. 3. 19. 교황 직무 개시 미사 강론

학교

사랑하는 소년들이여, 내가 여러분에게 '학교는 왜 가느냐'라는 질문을 한다면 뭐라고 대답하겠습니까? 각자의 감수성에 따라 아마도 많은 대답이 나올 것입니다. 그렇지만 모두 합쳐서 이렇게 간추릴 수 있다고 생각합니다. 학교란 교육 환경 가운데 하나입니다. 거기서 자라면서 살아가는 법을 배우고, 어른스럽고 성숙한 어른이 되며, 인생의 길을 걷고 달리는 능력을 배양합니다. 그렇다면 학교는 여러분의 성장을 어떻게 돕습니까? 여러분의 지력을 발달시키는 데만 도움을 주는 것이 아니고 여러분의 인격을 구성하는 모든 요소들의 통합적 양성을 통해서 여러분을 돕습니다.

2013. 6. 7. 예수회가 운영하는 학교 학생들에게 행한 연설

봉사

　　　　참신한 사랑으로 복음에 봉사하겠다는
나의 뜻을 표명하는 바입니다. 교회가 그리스도 안에서 그리
스도와 함께 항상 더 풍성한 주님의 포도나무가 되게 하는 데
이바지하겠습니다.

2013. 3. 15. 모든 추기경들의 알현

타인을 섬길 준비

　　　사제로서, 주교로서 나는 여러분에게 봉사해야 합니다. 어디까지나 마음에서 우러나는 본분입니다. 나는 그것이 좋습니다. 봉사를 좋아하고 봉사하는 일을 좋아합니다. 주님께서 내게 그렇게 가르치셨기 때문입니다. 그렇지만 여러분도 나를 도와주십시오. 언제나 나를 도와주십시오. 서로서로 말입니다. 그렇게 해서, 서로 도와서 우리는 선을 해낼 것입니다. 지금 우리는 발을 씻는 이 예식을 거행하려는 참입니다. 우리 각자 생각해봅시다.

　　'내가 정말 타인을 섬길 준비, 타인을 도울 자세가 되어 있는가?'

　　이 점만을 생각합시다. 그리고 이것은 예수님의 어루만짐이라는 생각을 합시다. 예수님이 쓰다듬으시는 손길이라고 생각합시다. 예수님은 바로 이 일로 오셨습니다. 우리를 섬기고, 우리를 도우러 오셨습니다.

2013. 3. 28. 주님의 만찬 미사 강론

고통

"한 지체가 고통을 겪으면 모든 지체가 함께 고통을 겪습니다. 한 지체가 영광을 받으면 모든 지체가 함께 기뻐합니다."(코린토 1서 12, 26) 이것이 그리스도교 생활의 법칙입니다. 또 그런 의미에서 '고통의 세계적 통합'이라는 것이 존재한다고도 말할 수 있겠습니다. 순교자들의 피가 교회에는 힘과 비옥함의 씨앗이 되었듯이, 일상의 고통을 분담하는 일은 효과적인 통합의 도구가 될 수 있습니다. 그리스도인들과 비그리스도인들 사이에서도 이것은 어느 면에서 참말입니다. 공통된 고통 안에서 하느님의 도우심이 있다면 용서, 화해 그리고 평화가 싹틀 수 있습니다.

2013. 5. 10. 콥트교 교황 타와드로스 2세에게 행한 연설

연대감

교회에서, 또 사회에서 우리가 겁먹어
서는 안 되는 단어가 '연대감'입니다. 이것은 우리가 가진 바
를, 우리의 보잘것없는 능력을 하느님의 처분에 맡겨드릴 줄
안다는 뜻입니다. 그 이유는 우리 삶이 분배에서만, 선사하는
데서만 결실을 낳고 열매를 맺을 것이기 때문입니다. 연대감!
속물이 된 정신에는 인기가 없는 단어입니다.

2013. 5. 30. 주님의 성체와 성혈 대축일 강론

연대의 가치

      '연대감을 재고한다'는 말은 무엇을 의미할까요? 교도권의 최근 가르침을 토론에 부치자는 말은 분명히 아닙니다. 오히려 교도권의 선견지명과 그 현시성은 갈수록 더욱 돋보입니다. 나에게는 '재고한다'는 말이 두 가지 의미를 갖는 것으로 보입니다. 무엇보다도 교도권을 사회 경제적 진화와 결부시킨다는 것입니다. 이 진화는 항구적이고 급속하며 늘 새로운 면모를 보입니다. 두 번째로 '재고한다' 함은 심화시키고 궁극적으로 심사숙고하여 하나의 가치(이 경우에는 '연대감'이 되겠습니다)가 띠고 있는 풍요한 측면들을 부각시키는 일입니다. 그런 가치는 저 깊은 데서 복음과 닿아 있고 예수 그리스도께 닿아 있으며, 그러한 의미에서는 측량할 수 없는 가능성을 내포하고 있습니다.

바로 그래서 '연대감을 재고'할 필요가 생깁니다. 연대감이란 더 이상 제일 빈곤한 사람들을 상대로 하는 단순한 구호가 아닙니다. 전체 체제를 지구적 차원에서 재고하는 일입니다. 인간의 기본권들, 만인의 기본권들에 부합하게 저 체제를 재편하고 수정하는 방안을 모색하는 일입니다. 경제계에서는 '연대감'이라는 단어를 잘못 파악하고 있습니다. 그 공적에 알맞은 사회적 시민권을 이 말에 되찾아줄 필요가 있습니다.

연대감이란 어떤 부가적인 태도가 아닙니다. 사회적 자선이 아닙니다. 오히려 사회적 가치입니다. 이 가치는 자기 본연의 시민권을 우리에게 요구하고 있습니다.

2013. 5. 25. 백주년 기념 재단에 행한 연설

진리 안으로

성령은, 예수님이 약속하셨듯이, "모든 진리 안으로"(요한복음 16, 13) 우리를 인도하십니다. 우리가 진리의 충만함인 예수님과 만나게 해주실뿐더러 진리 안으로 들어가게 해주십니다. 하느님의 사물을 알아보게 해주심으로써 예수님과 갈수록 깊은 친교에 들어가게 해주십니다.

진리는 사물처럼 움켜잡을 수 있는 것이 아닙니다. 진리는 만나는 것입니다. 소유하는 것이 아니라 만나는 것입니다.

2013. 5. 15. 일반 알현

낭비

몇몇 도시에서 주식이 10포인트 하락하는 일은 비극으로 여겨집니다. 사람 하나가 죽는 것은 뉴스거리도 안 됩니다. 그렇지만 주식이 10포인트 하락하는 일은 비극이 됩니다! 이렇게 인간들이 쓰레기인 양 폐기되고 있습니다.

이러한 '폐기품의 문화'가 일반적인 사고방식이 되어가는 경향을 보입니다. 모든 사람에게 전염됩니다. 더 이상 인간 생명, 인격체가 존중받고 보호받아야 할 첫 번째 가치로 통용되지 않고 있습니다. 더구나 가난하고 불구라면, 장차 태어날 아기처럼 아직은 쓸모가 없다면, 늙은이처럼 더 이상 쓸모가 없다면 더 그렇습니다. 이 폐기품의 문화는 사람으로 하여금 낭비와 음식물 폐기에 대해서도 무감각하게 만듭니다. 세계 도

처에서 그 많은 사람들과 가정들이 기아와 영양실조로 고통받고 있는 터에 이런 행위들은 더욱 통탄할 일입니다. 한때 우리 할머니들은 남은 음식을 아무것도 버리지 않으려고 무던 애를 썼습니다. 소비주의는 우리가 음식에 대해서 일상의 피상적이고 낭비적인 행동에 길들여지게 오도했습니다. 그런 일에 우리가 더 이상 온당한 가치를 부여할 능력이 없어졌습니다. 그것은 단순한 경제적 변수 이상의 문제입니다.

2013. 6. 5. 일반 알현

삼위일체

지극히 거룩한 삼위일체는 인간 추론의 산물이 아닙니다. 하느님이 당신의 얼굴을 친히 보여주시는 계시입니다. 드높은 교좌에 앉아서 가르치신 것이 아니고 인류와 함께 걸으시면서 가르치신 것입니다. 우리에게 성부를 계시하신 분은 바로 예수님입니다. 우리에게 성령을 보내시겠다고 약속하신 분도 예수님입니다. 하느님은 이스라엘 백성의 역사에서 당신 백성과 함께 걸으셨습니다. 예수님은 늘 우리와 함께 걸으셨고 성령을 보내시겠다고 약속하셨습니다. 성령은 불이시고 우리가 알지 못하는 바를 모조리 우리에게 가르치십니다. 우리 내심에서 우리를 인도하시고 선한 생각과 선한 영감을 주십니다. 오늘 우리가 하느님을 찬양함은 어떤 특정한 신비 때문이 아니고 하느님 당신을 두고 찬양하며

전례의 찬미가처럼 "그분의 크신 영광" 때문입니다. 그분을 찬미하고 그분께 감사드리는 까닭은 그분이 사랑이시기 때문이고 우리를 부르시어 당신 친교의 포옹 속에 들어오게 해주시기 때문입니다. 이 친교가 곧 영원한 생명입니다.

2013. 5. 26. 삼종기도

개선주의

개선주의(凱旋主義)는 주님의 것이 아닙니다. 주님은 비천하게 지상에 들어오셨습니다. 30년에 걸친 생애를 사셨고 보통 아이처럼 자라나셨습니다. 노동의 수고를 겪으셨고 십자가의 시련도 겪으셨습니다. 그리고 마지막에는 부활하셨습니다. 주님이 우리에게 가르치시는 바는, 인생에서 모든 게 마술이 아니라는 사실입니다. 개선주의는 그리스도교의 것이 아니라는 점입니다.

2013. 4. 12. 산타 마르타 경당 미사 강론

인도주의

보다 가난한 사람, 보다 약한 사람, 보다 고통받는 사람을 위해서 우리가 할 수 있는 일이 무척 많습니다. 정의를 신장하고 화해를 도모하고 평화를 건설함으로써 말입니다. 그렇지만 우리로서는 다른 무엇보다도 세상에서 절대자에 대한 갈망을 생생하게 살려나가야 합니다. 인격체에 대한 관점을 단지 한 가지 차원으로 국한시키는 일을 용납하지 말아야 합니다. 인간을 생산하는 존재와 소비하는 존재로 축소시키는 짓을 용납하지 말아야 합니다. 우리 시대의 가장 위험스러운 기만 하나가 이것입니다.

2013. 3. 20. 갈려나간 교회 대표자들에게 행한 연설

노년기

노년기는 삶의 지혜가 깃드는 자리입니다. 노인들은 인생에서 걸어왔던 지혜를 간직하고 있습니다. 성전에서 만난 노인 시메온과 한나처럼 말입니다. 또 그 지혜가 그들로 하여금 예수님을 알아보게 만들었습니다. 우리는 바로 이런 지혜를 젊은이들에게 선물합시다! 해가 갈수록 감칠맛 나는 포도주처럼, 젊은이들에게 삶의 지혜를 선사합시다!

2013. 3. 15. 모든 추기경들의 알현

3부
....
인도의 말들

성령의 미는 힘, 그분의 은총이 없이는
우리가 앞으로 나아가지 못합니다.
성령은 우리가 하느님의 신비 속으로 들어가게 만드시고,
소위 '영지주의 교회'의 위험, 자기 울타리에 갇혀
'자기 본위의 교회'가 될 위험에서 우리를 구해주십니다.
문을 열고 밖으로 나가게 우리를 떠미십니다.

예배의 참뜻

우리 모두 스스로 물음을 하나 던져보았으면 합니다. 나와 당신, 우리는 과연 주님을 예배합니까? 하느님께 가긴 하지만 그저 청하고 감사드리기 위함뿐입니까, 아니면 그분께 예배를 드리러 가기도 합니까?

그렇다면 하느님을 예배한다 함은 무슨 뜻일까요? 그분과 함께 있는 법을, 발걸음을 멈추고 그분과 이야기 나누는 법을 배우고 그분의 현존이 모든 것 중에 가장 참되고 가장 좋고 가장 중요하다고 느끼는 것입니다. 의식적으로 혹은 염두에 두지 않더라도 우리 각자는 자기 삶에서 더 혹은 덜 중요하다고 여기는 사물들을 두고 나름대로 뚜렷한 서열을 매기고 있습니다. 주님을 예배한다 함은 그분이 차지할 자리를 내드린다는 뜻입니다. 주님을 예배함은 그분 홀로 우리의 삶을 이끌어

가신다고 수긍하고 믿는 일입니다. 말로만 하는 것이 아닙니다. 주님을 예배함은 그분 앞에서 우리가 확신한다는 뜻입니다, 그분 홀로 하느님이시라고. 우리 인생의 하느님, 우리 역사의 하느님이심을 믿는 것입니다.

2013. 4. 14. 산 파올로 대성당 미사 강론

하느님 사랑

예수님은 아버지 하느님의 사랑에 호응하시려고 자진해서 죽음에 몸을 맡기셨습니다. 아버지 하느님의 뜻에 전적으로 마음을 합치셨습니다. 그렇게 해서 우리를 위하시는 하느님의 사랑을 보여주고 싶으셨습니다. 예수님은 십자가 위에서 "나를 사랑하시고 나를 위하여 당신 자신을 바치셨습니다".(갈라티아 2, 20) 우리 모두 '그분이 나를 사랑하시고 나를 위하여 당신 자신을 바치셨다'라는 말을 할 수 있습니다. '나를 위하여'라는 이 말을 모두가 단언할 수 있습니다.

이 모든 것이 우리에게 어떤 의미를 보여주는 것일까요? 이것이 나의 길, 너의 길, 우리의 길이라는 의미입니다. 예수님을 따르면서 성주간을 보낸다 함은 마음의 감동만 갖고서는 부족합니다. 예수님을 따르면서 성주간을 보낸다 함은 우리로부터 나가는 법을 배운다는 뜻입니다. 타인들을 만나러 가고, 실존의 변두리를 향해 가려고 우리 자신에게서 나가는 법을 배운다는 말입니다.

2013. 3. 27. 일반 알현

교회

우리는 교회에서 부활하신 그리스도께
로부터 뜻을 받습니다. 사람들에게 죄의 용서를 전하라는 뜻
을 받습니다. 그래서 사랑의 왕국을 자라게 만들고 마음에 평
화를 심어줍니다. 그렇게 함으로써 교회가 인간관계 속에서,
사회 안에서, 제도권 내에서 인정받아야 합니다.

2013. 4. 7. 부활삼종기도

하나의 교회

교회를 사랑하십시오! 교회가 여러분을 이끌어가게 허심하십시오! 본당에서, 교구에서 여러분은 신앙의 진짜 폐부, 그리스도교 생활의 폐부가 되십시오! 신선한 공기가 되십시오! 이 광장에서만도 엄청나게 다양한 모습을 봅니다. 먼저 우산들이 여러 가지 모양으로 보이더니 이제는 색깔들이 다양하고 깃발들이 다양합니다. 교회도 그렇습니다. 교회의 대단한 부입니다. 표현이 각양각색이지만 그 속에서도 모든 것이 하나로 수렴됩니다. 일치로 수렴되는 다양함, 이것이야말로 그리스도와의 만남입니다.

2013. 5. 5. 신심 단체들을 위한 미사 강론

하느님의 백성

역사의 사건들은 거의 언제나 전체적인 맥락에서 읽도록 요구합니다. 그 일이 흔히는 신앙의 차원을 포함하기도 합니다. 교회의 사건들은 정치나 경제 사건들만큼 복잡다단하지는 않습니다. 그렇지만 그 사건들도 특유한 깊이를 특징으로 갖고 있습니다. 소위 말하는 속세의 범주들로 엮인 논리가 아닌, 다른 논리에 상응하는 사건들입니다. 바로 그래서 광범하고 다양한 대중에게 그 사건들을 해석하고 풀어주기가 쉽지 않습니다.

사실 교회는 인간 제도이고 역사적 제도임에 틀림없지만 교회가 처신하는 그 모든 것이 정치적 성격을 갖지는 않습니다. 본질적으로 영적입니다. 하느님의 백성입니다. 하느님의 거룩한 백성입니다. 예수 그리스도를 만나러 걸어가는 백성입

니다. 이런 시야에 놓고 볼 때에만 가톨릭교회가 행동하는 명
분이 제대로 평가됩니다.

2013. 3. 16. 매스컴 종사자들에게 행한 연설

그리스도인의 신원

그리스도인의 신원은 어떤 신분증이 아닙니다. 교회에 대한 소속입니다. 교회 밖에서 예수님을 발견하는 일은 가능하지 않습니다. 교황 바울로 6세는 말했습니다.

"교회 없이 예수님을 모시고 살고 싶다는 것은 모순에 찬 이분법입니다. 교회 밖에서 예수님을 따르겠다는 것, 교회 없이 예수님을 사랑하겠다는 것이 그렇습니다."(『복음 선교』 16항)

우리에게 예수님을 건네주는 어머니 교회야말로 우리에게 신원을 부여합니다. 그것은 단지 어떤 도장이 아닙니다. 소속입니다. 신원이란 소속을 뜻합니다. 교회에 소속한다는 것은 참으로 멋진 일입니다.

2013. 4. 23. 추기경들과 집전한 미사 강론

열린 교회

교회가 닫힌 공간이 되면 그 교회는 병이 납니다. 한 해 내내 닫아둔 방을 생각해보십시오. 그 방에 들어가면 습한 냄새가 납니다. 뭔가 마땅치 않은 것이 참 많습니다. 닫혀 있는 교회도 마찬가지입니다. 병든 교회입니다. 교회는 자기 밖으로 나가야 합니다. 실존의 변두리를 향해 가야 합니다. 그것이 어떤 변두리이든 그리로 나아가야 합니다. 예수님께서 우리에게 하시는 말씀이 있습니다.

"너희는 온 세상에 가라! 가라! 선포하여라! 복음을 증거하여라!"(마르코복음 16, 15 참조)

하지만 자기한테서 나가면 무슨 일이 생깁니까? 집에서 나가 거리를 지나는 사람들 모두에게 생길 만한 똑같은 일들이 생길 수 있습니다. 사고가 납니다. 그렇지만 여러분에게 말씀드립니다. 나는 문을 꼭 닫고서 병들어 있는 교회보다 사고 나는 교회, 사고를 마주하는 교회를 천 배나 낫게 여깁니다. 밖으로 나가십시오! 나가십시오! 잊지 마십시오! 닫힌 교회라는 것은 없습니다. 밖으로 가는 교회만 있습니다. 실존의 변두리로 가는 교회만 있습니다. 주님께서 우리를 저 아래로 이끌어 주시기를!

2013. 5. 18. 오순절 운동 단체와의 대담

병든 교회

교회 역시 자기가 기준이 되는 경우, 병
들고 늙어버립니다.

2013. 6. 14. 『치빌타 카톨리카』 저술가 단체에 행한 연설

하느님의 계획

하느님의 계획이란 무엇일까요? 우리 모두를 당신 자녀로 이루어진 한 가족으로 만드는 일입니다. 거기서는 우리 각자가 그분을 가까이 느끼고 그분에게 사랑받는다고 느껴야 합니다. 하느님의 소원에서 교회가 탄생합니다. 당신과 친교를 나누게, 당신의 우정에로, 당신 자녀로서 당신의 신적 생명 자체에 참여하게 불러들이시는 소원 말입니다. '교회'라는 말 자체, 그리스어 '엑클레시아ekklesia'가 의미하는 것은 '소집'입니다. 하느님이 우리를 소집하십니다. 우리더러 개인주의에서 벗어나라고, 자기 안에 갇히려는 경향에서 벗어나라고 우리를 떠미십니다. 당신 가족의 일원이 되라고 우리를 부르십니다. 그리고 이 부르심은 천지창조 바로 그 속에 연원이 있습니다. 하느님이 우리를 창조하신 것은 우리가 당신과 깊은 우호의 관계를 맺고 살게 하시는 목적에서입니다. 죄가 이 관계를 깨뜨렸을 때에도, 그분과의 관계, 타인들과의 관계, 창조계와의 관계를 깨뜨렸을 때에도 그분은 우리를 저버리지 않으셨습니다. 구원의 역사 전부가 인간을 찾아다니시는 하느님의 이야기입니다. 인간에게 당신 사랑을 베푸시고 인간을 거둬들이시는 역사입니다.

2013. 5. 29. 일반 알현

그리스도인

'임시' 그리스도인은 없습니다. 어떤 기회만, 어떤 자리에서만, 어떤 선택의 경우에만 그리스도인이 되는 수는 없습니다. 그런 식으로 그리스도인이 될 수는 없습니다. 언제나 어느 순간에도 그리스도인입니다.

2013. 5. 15. 일반 알현

참 그리스도인

풀 먹인 듯 뻣뻣한 목덜미로는 그리스
도인이 될 수는 없습니다. 너무 많이 배운 그리스도인, 맘 편
히 앉아서 차를 마시며 신학 주제를 환담하는 그리스도인이
될 수는 없습니다. 아닙니다. 안 됩니다. 용기 있는 그리스도
인이어야 합니다. 그야말로 그리스도의 혈육인 사람들을 찾
아보러 나가야 합니다.

2013. 5. 18. 오순절 운동 단체와의 대담

십자가

예수님이 예루살렘에 어떻게 들어가십니까? 군중은 그분을 '임금'으로 환호합니다. 그리고 그분은 그것을 마다하시지 않습니다. 군중더러 잠잠하라고 시키시지도 않습니다.(루카복음 19, 39~40 참조) 그렇지만 예수님은 과연 어떤 유형의 임금이십니까? 잘 살펴봅시다. 당나귀를 타고 오십니다. 따라오는 수행이 없습니다. 권력의 상징으로 군대에 에워싸여 계시지도 않습니다. 그를 맞아들이는 무리는 미천하고 단순한 사람들입니다. 예수님에게서 뭔가 그 이상의 것을 바라볼 줄 아는 감각이 있는 사람들입니다. '이분이 구세주다'라고 말하는, 믿음의 감각을 갖추고 있습니다. 군왕들에게만 바쳐지는 영예를 받으러 성도 예루살렘에 들어가시는 것이 아닙니다. 지상의 군왕들에게, 권력을 가진 자에게, 지배하는 자에게 유보된 영예를 받으러 가시는 길이 아닙니다. 이사야가 예고한 대로(이사야 50,6 참조) 채찍질당하고 모욕을 당하고 욕을 얻어먹으러 들어가십니다. 가시관을 쓰러, 몽둥이를 맞으러, 자주색 옷을 두르러 들어가십니다. 그분의 왕권은 이처럼 조롱의 대상이 됩니다. 통나무를 지고 갈바리아로 오르러 들어가십니다. 십자가에 매달려 죽을 곳인데 예수님은 예루살렘에 들어가십니다. 하느님의 논리대로는, 임금이 된다는 것이 바로 여기서 빛을 발합니다. 그의 왕좌는 십자가 나무입니다.

2013. 3. 24. 성지주일 강론

심판

예수님의 십자가, 그것은 세상의 악에 하느님께서 응대하시는 말씀입니다. 하느님께서 악에 대응하지 않으시는 것처럼 보이는 때가 많습니다. 침묵을 지키고 계시는 것처럼 보입니다. 그러나 하느님은 말씀을 하셨습니다. 응답을 하셨습니다. 그리스도의 십자가가 그분의 응답입니다. 그 말씀은 사랑이고 자비이고 용서입니다. 그리고 그 말씀은 심판이기도 합니다.

하느님은 우리를 사랑하심으로써 우리를 심판하십니다. 그 사랑을 받아들이면 구원을 받습니다. 하지만 그 사랑을 거부하면 단죄를 받습니다. 하느님께 단죄받는 것이 아니라 나 자신에게서 단죄받습니다. 하느님은 누구를 단죄하는 분이 아니시기 때문입니다. 그분은 오직 사랑하시고 오직 구원하십니다.

그러므로 나날의 삶에서 이 십자가의 길을 계속 걸어갑시다. 십자가의 길 위를 함께 걸어갑시다. 이 사랑과 용서의 말씀을 마음에 간직합시다.

2013. 3. 29. 콜로세움 '십자가의 길'에서 행한 연설

복음

　　　　　복음화라고 하면 책상에 앉아 프로그램
을 만들고 전략을 짜내고 계획을 세우지 않으면 안 되는 일로
생각할 수 있습니다. 그러나 이런 것들은 수단일 뿐입니다. 사
소한 도구입니다. 중요한 것은 예수님입니다. 그분이 가이드
하시도록 허락해드려야 합니다. 그다음에는 전략도 세울 수
있지만 이런 것은 부차적인 일입니다.

2013. 5. 18. 오순절 운동 단체와의 대담

신앙의 선물

그리스도를 아직 알지 못하고 만나지 못한 겨레들이 참 많습니다. 그래서 새로운 형태와 새로운 방도를 찾아내는 일이 시급합니다. 하느님의 은총이 남자 한 사람, 한 사람, 여자 한 사람, 한 사람의 심금을 울릴 수 있고 그래서 그들을 그분께 데려갈 수 있는 방도와 형식을 찾아내야 합니다. 그 일에서는 우리 모두가 비록 소박하지만 중요한 도구입니다. 우리는 신앙의 선물을 받았습니다. 감춰두지 말고 펼치라고 받았습니다. 무수한 형제들의 발걸음을 비출 수 있기를 위함입니다. 공동체들이 자기 문제에 사로잡혀 자기 안에 갇혀 있으려는 유혹(매우 흔한 유혹이고 자기 안에 갇히는 일은 더욱 흔합니다) 앞에서, 교회가 '만백성에게 파견되었음(missio ad gentes)'을 일깨우는 일은 여러분의 과제입니다. 교회의 생명은 선교이고 교회들의 생명이 선교임을 예언자답게 증언하는 일 말입니다. 그리고 이 일은 보편적 사명입니다. 주교 직무 그리고 모든 직무자들은 그리스도교 공동체의 성장을 위해 존재합니다. 그러나 복음화 사명을 위해 교회들 사이의 친교에 봉사하는 일도 맡겨져 있습니다.

2013. 5. 17. 교황청 선교사업부와의 회동에서 행한 연설

교회의 사명

복음화는 교회의 사명입니다. 몇 사람
의 사명만이 아니고 내 사명이고 그대의 사명이며 우리의 사
명입니다.

2013. 5. 22. 일반 알현

성숙한 신앙

일선에 선 사람이 되십시오, 하느님께로부터 오는 능력과 수완을 갖고서!(코린토 2서 3, 6 참조) 그 전선(戰線)을 순치시키려는 유혹에 빠지지 마십시오. 전선을 향해 나아가야지 전선을 집 안으로 끌고 와서 페인트를 칠하거나 길들이려고 하지 마십시오. 오늘의 세계는 급속한 변화를 거치고 있고 신앙생활에 크게 대두되는 문제들에 동요하고 있으므로, 그런 세계에서는 신앙을 교육하는 용기 있는 시도가 화급합니다. 확신을 갖고 성숙한 신앙, 삶에 의미를 부여하는 신앙, 하느님 탐구 과정에서 제기되는 갖가지 물음에 설득력 있는 답변을 제공할 만한 신앙을 교육해내야 합니다.

2013. 6. 14. 『치빌타 카톨리카』 저술가 단체에 행한 연설

신앙의 참행복

　　　　　보지 않고 믿었던 사람들이 누구였습니까? 다른 제자들, 예루살렘의 다른 남녀 인간들, 그들은 부활한 그리스도를 만난 일이 없었지만 사도들과 여인들의 증언을 믿었습니다. 이것은 신앙에 관한 한 매우 중요한 말인데 '신앙의 참행복'이라고 부를 만합니다. 보지 않고서도 믿은 사람들은 행복합니다. 바로 이것이 신앙의 참행복입니다.

2013. 4. 7. 부활삼종기도

마리아

　　　　　그이의 모성 어린 눈길을 받으면서 우리 각자가 그이의 신성한 아드님의 목소리에 맞추어 기쁘고도 유순한 걸음걸이를 해나갈 수 있겠습니다. 일치를 굳건히 하고 기도 중에 합심을 이뤄가면서 주님의 꾸준한 현존 속에서 순수한 신앙을 증거해나갑시다.

2013. 3. 15. 모든 추기경들의 알현

경청, 결단, 행동

마리아의 태도를 간추리는 세 마디 말이 있습니다. 경청과 결단 그리고 행동입니다. 삶에서 주님이 우리에게 요구하시는 바가 무엇인지를 앞두고서 이 세 마디는 우리가 걸어야 할 길을 가리켜 보이기도 합니다.

경청은 우리에게 말씀을 건네시는 하느님께 귀를 기울임입니다. 또한 일상의 현실에 귀를 기울이는 것입니다. 사람들에게, 사건들에 주의를 기울이는 것입니다. 주님께서 우리 삶의 문 앞에 다가와 여러 방식으로 문을 두드리시며 우리 걸음에다 표시를 해놓으시는 까닭입니다. 그리고 그 표시를 알아보는 능력도 우리에게 주십니다. 마리아는 경청하는 어머니입니다. 하느님께 조심을 다해 귀를 기울이고, 삶의 사건들에도 그만큼 조심해서 귀를 기울입니다.

두 번째 단어는 결단입니다. 마리아는 영보 때에도, 방문 때에도, 가나 혼인 잔치에서도 거슬러서 갑니다. 마리아는 역류를 합니다. 하느님의 말씀에 경청하는 자세로 임합니다. 현실을 알아들으려고 숙고하고 모색합니다. 그리고 하느님께 전적으로 신뢰하면서 결단을 내립니다. 몸이 무거운데도 나이 많은 친척을 방문하기로 결단합니다. 혼인의 흥겨움을 어떻게든 유지시켜야 하므로 아들을 졸라서 아들에게 맡기기로 결단을 내립니다.

세 번째 단어는 행동입니다. 때로는 우리마저도 우리가 해야 할 일을 두고 경청과 결단에서 멈추고 맙니다. 우리가 내려야만 했던 명료한 결단도 내렸습니다. 그러나 행동으로 발걸음을 내딛지 않습니다. 특히 타인들을 향해서 '서둘러' 몸을 움직이는 행동에 들어가지 않습니다. 우리 도움을 가져다 베풀어야 하고 우리의 이해심과 우리의 사랑을 보여줘야 할 타인들을 향해 서둘러 가지 않습니다. 우리가 가진 가장 소중한 것, 우리가 받은 것, 곧 예수님과 그분의 복음을 전하러 우리도 서둘러 가야 합니다. 말로, 무엇보다도 우리 행동이라는 구체 증언으로 서둘러 가야 합니다. 마리아는 경청의 여인, 결단의 여인 그리고 행동의 여인입니다.

행동의 여인 마리아님, 우리 손발이 타인들을 향해 '서둘러' 가게 해주십시오.

2013. 5. 31. 성모성월 폐막 연설

마음 열기

우리는 은총으로 의롭게 되고 은총으로 구원을 받았습니다. 하느님의 거저 주시는 사랑으로 구원받았고, 그 사랑은 언제나 우리를 앞섭니다. 우리는 혼자서는 아무것도 못합니다. 신앙은 우선 우리가 받은 선물입니다. 이 선물이 결실을 거두기 위해 하느님의 은총이 우리에게 요구하는 바가 있습니다. 반드시 우리가 마음을 열라고 요구합니다. 자유롭고도 구체적인 응답을 요구합니다. 하느님의 자비, 구원을 베푸는 자비를 우리에게 가져다주려고 그리스도께서 오십니다.

우리에게 요구되는 바는 당신을 신뢰하라는 것입니다. 당신 사랑을 베푸는 선물에 우리가 선량한 삶으로 호응하라는 것입니다. 신앙과 사랑에서 우러나온 행동으로 이루어지는 삶으로 호응하라는 것입니다.

　　하느님은 자비와 인내로 현재의 시간을 우리에게 선사하십니다. 나날이 가난하고 보잘것없는 사람들에게서 당신을 알아보라는 것입니다.

2013. 4. 24. 일반 알현

교회의 심장

그리스도는 교회의 목자이십니다. 그러나 역사 안에 계시는 그분의 현존은 인간들의 자유를 통해서 관철되고 있습니다. 인간들 중에 한 사람이 그리스도의 대리자로, 베드로 사도의 후계자로 선출됩니다. 하지만 그리스도, 그리스도께서 중심이십니다. 그리스도께서 기본 구심점이십니다. 교회의 심장이십니다. 그분 없이는 베드로도, 교회도 존재하지 않을 것입니다. 존재의 이유도 없을 것입니다.

2013. 3. 16. 매스컴 종사자들에게 행한 강연

하느님의 첫걸음

하느님은 우리가 당신에게 오기까지 기다리지 않으셨습니다. 우리를 향해 먼저 움직이십니다. 계산도 없이, 따지지도 않고서. 하느님은 그런 분이십니다. 언제나 그분이 첫걸음을 떼십니다. 우리를 향해 움직이십니다.

2013. 3. 27. 일반 알현

부활의 위력

　　　　　예수 그리스도를 참으로 알고 그분을
믿게 되면 삶에 들어와 계시는 그분의 현존을 경험합니다. 그
분의 부활의 위력을 체험합니다. 그리고 그 경험을 남과 나누
지 않고는 배길 수가 없습니다. 몰이해와 반대에 부딪히더라
도 예수님이 수난 때에 취하신 태도로 임합니다. 사랑으로, 진
리의 힘을 갖고서 응대합니다.

2013. 4. 14. 부활삼종기도

교회의 건설

교회를 건설한다는 말을 할 때 우리는 돌을 얘기하게 됩니다. 단단하고 오래가는 산돌, 성령께 기름 부음을 받은 돌로 교회를 세웁니다. 그리스도의 신부를 세웁니다. 모퉁잇돌, 주님이신 그 모퉁잇돌 위에 세웁니다. 보십시오, 우리 삶의 또 다른 움직임이 이것입니다. 세우는 일입니다.

2013. 3. 14. 추기경들과 집전한 미사 강론

하느님의 말씀

　　　　　　　　교회의 생명과 사명은 하느님의 말씀에
바탕을 둡니다. 하느님의 말씀은 신학의 혼이고, 동시에 그리
스도교 실존 전체에 주는 영감입니다.

　　　　　　　　　　　　2013. 4. 12. 교황청 성서위원회에 행한 연설

묵상

　　　　　주님의 말씀을 근면하게 읽고 묵상하십
시오! 그래야만 여러분이 읽은 바를 믿게 되고, 여러분이 신앙
으로 파악한 바를 가르치게 되고, 여러분이 가르친 바를 삶으
로 옮기게 됩니다. 또 하느님의 말씀이 여러분의 소유물이 아
님도 명심하십시오. 교회가 하느님의 말씀을 간직하는 수호
자입니다.

2013. 4. 21. 사제 서품 강론

일상의 순교자들

         "정녕 자기 목숨을 구하려는 사람은 목숨을 잃을 것이고, 나 때문에 자기 목숨을 잃는 그 사람은 목숨을 구할 것이다."(루카복음 9, 24)

    그리스도의 메시지가 여기에 종합적으로 들어 있습니다. 역설적이지만 상당히 효과적인 말로 표현되어 있습니다. 그분이 말씀하시는 방식을 알게 해줍니다. 당신 음성을 들려주시는 듯합니다. 그런데 '예수님 때문에 자기 목숨을 잃는다'라는 말이 무슨 뜻일까요? 이런 일은 두 가지로 일어날 수 있습니다. 명시적으로 신앙을 고백함으로써, 그리고 암묵적으로 진리를 옹호함으로써. 순교자들은 그리스도를 위해 목숨을 잃는 최고의 모범입니다. 2천 년을 두고 예수 그리스도와 그분의 복음에 충성하려고 목숨을 희생한 남녀 인간들의 거대한 무리가 있습니다. 그리고 오늘날에는 세계 곳곳에서 숱한 순교자들이 나옵니다. 초세기보다 훨씬 많이 나옵니다. 그리스도를 위해서 자기 목숨을 내놓는 사람들, 예수 그리스도를 부인하지 않으려고 죽음을 무릅쓴 사람들입니다.

이것이 우리 교회입니다. 오늘날 우리는 초세기보다 더 많은 순교자들을 모시고 있습니다. 그렇지만 일상의 순교자도 있습니다. 목숨을 바치는 것은 아니지만 그것도 그리스도를 위하여 목숨을 잃는 일입니다. 예수님의 논리에 따라 내어주는 논리, 희생의 논리에 사랑으로 자기 의무를 수행함으로써 그렇게 됩니다. 생각해봅시다. 얼마나 많은 엄마, 아빠들이 가족의 선을 위해 자기 목숨을 바쳐가면서 나날이 자기 신앙을 실천에 옮기고 있습니까! 얼마나 많은 사제, 수사, 수녀들이 하느님의 나라를 위하여 관대하게 자기의 봉사를 수행하고 있습니까! 얼마나 많은 젊은이들이 자신의 편익을 포기하고 아이들과 장애인, 노인들에게 헌신하고 있습니까! 이 사람들도 순교자들입니다! 나날의 순교자들, 일상의 순교자들!

2013. 6. 23. 삼종기도

바울로 6세

교회는 인간의 하녀입니다. 교회는 사람을 섬기러 육으로 오신 그리스도를 믿습니다. 그래서 사람을 섬기고, 사람을 사랑하고, 사람을 믿습니다. 이것이 위대한 바울로 6세가 끼친 영감입니다. 그분의 증언은 우리 안에 그리스도를 향하는 사랑의 불꽃을 키웁니다. 교회에 대한 사랑의 불꽃, 오늘의 인간에게 복음을 전파하려는 열성의 불꽃을 키웁니다. 자비심으로, 인내심으로, 용기로 기쁘게 전파하는 열성 말입니다.

2013. 6. 22. 브레시아 교구 순례단에 행한 연설

하느님의 집

　　　　　예수님은 묵으실 집이 없습니다. 백성
이 당신의 집이기 때문입니다. 우리가 당신 집입니다. 그분의
사명은 모든 사람에게 하느님의 문을 열어주는 일, 하느님 사
랑의 현존이 되어주는 일입니다.

2013. 3. 27. 일반 알현

하느님의 백성

'하느님의 백성'이 된다 함은 무엇을 의미합니까? 무엇보다도 하느님이 말 그대로 어느 한 백성에 속하시는 분이 아니라는 뜻입니다. 우리를 부르시고 우리를 소집하시고 우리를 초대하여 당신 백성의 일부가 되게 만드시는 분이 그분이시기 때문입니다. 그리고 이 초대는 모든 사람들에게, 아무 차별 없이 모두에게 가는 초대입니다. 왜냐하면 하느님의 자비는 "모든 사람이 구원받기를 원하기" 때문입니다.(티모테오 1서 2, 4) 예수님은 사도들에게, 또 우리에게 배타적 집단을 형성하라고 말씀하시지 않습니다. 엘리트 집단을 이루라고 하시지 않습니다. 예수님은 "너희는 가서 모든 민족들을 제자로 삼아라"(마태오복음 28, 19)라고 하십니다.

교회가 된다는 것, 아버지 사랑의 원대한 계획에 따라 하느님의 백성이 된다는 것은, 우리 인류 속에서 누룩이 된다는 말입니다. 우리의 이 세계에 하느님의 구원을 선포하고 가져간다는 뜻입니다. 세계는 격려해주는 응답을, 희망을 주는 대답을, 걸어갈 새 힘을 주는 답변을 필요로 하는 때가 너무 많습니다. 교회는 하느님의 자비심과 하느님의 희망을 발견하는 장소가 되어야 합니다. 거기서는 누구나 복음의 선한 삶에 따라 살아가도록 말을 들어주고, 사랑을 받고, 용서를 받고, 용기를 북돋아준다고 느낄 수 있어야 합니다.

2013. 6. 12. 일반 알현

선교

박해가 터진 바로 그때에 교회의 선교 활동도 터졌습니다. 이 그리스도인들은 페니키아까지, 키프로스까지, 안티오키아까지 당도했습니다. 그리고 말씀을 선포하였습니다.(사도행전 11, 19 참조) 그런 사도적 열성을 내심에 품고 있었습니다. 신앙은 그렇게 해서 퍼졌습니다. 몇몇 사람, 키프로스와 키레네 민족의 몇 사람이 (그러니까 처음 거기 당도한 사람들이 아니고 거기서 그리스도인이 된 딴 사람들이) 안티오키아까지 간 것입니다. 그래서 그리스인들에게도 말을 건네기 시작했습니다.(사도행전 11, 20 참조) 한 걸음 더 나아간 것입니다. 그렇게 교회는 앞으로 나아갑니다.

그리스인들에게 말을 건 것은 누구의 착안이었습니까? 유대인들에게만 설교를 해오던 참이었으므로 사람들은 그것을

이해 못 했습니다. 성령의 착안이었습니다. 그분이 점차 더,
더, 더 밀고 나가셨습니다.

2013. 4. 23. 추기경들과 집전한 미사 강론

하느님의 자비

그리스도 신자 개개인과 각각의 공동체는 선교사입니다. 복음을 가져가고 살아가는 척도에 따라, 만인을 상대로, 특히 어려움에 봉착한 사람들에게 하느님의 사랑을 증언한다는 뜻에서 선교사입니다. 하느님의 사랑과 자상하심을 전하는 선교사가 되십시오! 하느님의 자비를 전하는 선교사가 되십시오! 언제든지 우리를 용서하시고 언제든지 우리를 기다리시고 우리를 그토록 사랑하시는 하느님의 자비 말입니다.

2013. 5. 5. 신심 단체들을 위한 미사 강론

영적인 속물근성

위험은 언제나 있습니다. 교회 인사들에게도 있습니다. 드 뤼박의 표현을 빌려 내가 '영적인 속물근성'이라고 부르는 그런 것에 몰리는 위험입니다. 세상의 영에 물러서는 일입니다. 그런 영성은 하느님의 영광을 위해서가 아니고 자기실현을 위해서 활동하는 쪽으로 끌어갑니다. 속물 정신에 물러서는 것은 우리 사목자들을 무엇보다도 웃음거리로 드러내고 맙니다. 우리가 어떤 갈채를 받을 수도 있겠지만 우리를 인정해주는 것처럼 보이는 사람들부터가 훗날 등 뒤에서 우리를 욕하곤 합니다. 이것은 상식적 이치입니다.

2013. 6. 21. 교황대사들에게 행한 연설

사목자의 의무

사목자가 된다 함은, 우리의 나약함에도 불구하고 주님께로부터 오는 은총과 힘을 날마다 믿는다는 뜻입니다. 그리고 양 떼에 앞장서서 걸어가야 하는 책임을 진지하게 받아들임을 의미합니다. 온건하고 사도다운 신속함을 뒤처지게 만드는 무게들을 벗어버리고서, 양 떼를 인도함에 우유부단함 없이 앞장서 걸어가야 합니다. 양 떼가 우리 목소리를 알아듣게 만들어야 합니다. 신앙을 받아들인 이들도, "이 우리 안에 들지 않은"(요한복음 10, 16) 이들도 우리 음성을 알아들어야 합니다. 우리는 하느님의 꿈을 우리의 꿈으로 삼으라는 부르심을 받았습니다. 하느님의 집은, 첫 독서에서 이사야가 예언적으로 예고했듯이(이사야 2, 2-5 참조) 사람이나 겨레를 배제하는 법을 모릅니다. 바로 그래서 사목자가 된다 함은 양 떼 한가운데서나 양 떼 뒤에서 걸어가겠다는 자세를 갖추고 있다는 뜻입니다. 고통받고 있는 양의 소리 없는 얘기를 귀 기울여 듣고 발걸음을 따라가지 못할까 겁먹는 양의 발걸음을 북돋아주는 능력이 있어야 합니다. 일으켜 세우고 다짐해주고 희망을 불러일으켜주는 일에 마음을 써야 합니다.

2013. 5. 23. 이탈리아 주교회의 주교들과 함께한 신앙고백 행사의 강론

기름부음

        아론의 머리를 적셔주는 소중한 올리브 기름은 그 인격을 향기 나게 만드는 데서 그치지 않고 퍼져서 '변두리'까지 도달합니다. 주님은 그에게 분명히 이런 말씀을 하실 것입니다. 그에게 기름을 발라주심은 가난한 사람들, 감옥에 갇힌 사람들, 병든 사람들, 슬프고 외로운 사람들을 위한 것이라고. 사랑하는 형제들이여, 기름은 향기를 풍기자고 바르는 것이 아닙니다. 기름병에 간수하려는 것은 더더욱 아닙니다. 기름을 담아만 두면 찌들고 마음을 쓰라리게 만듭니다.

    착한 사제라면 자기의 백성이 어떻게 기름을 바르느냐에서 알아봅니다. 이것은 명료한 증거가 됩니다. 우리네 사람들이 기쁨의 기름을 바르면 즉시 알게 됩니다. 예를 들어 미사를 마치고 나오면서 기쁜 소식을 들은 사람의 얼굴을 하고 나

오는 경우가 그렇습니다. 우리가 설교하는 복음이 자기네 일
상생활에 도달할 적에, 아론의 기름처럼 현실의 가장자리까지
흘러내릴 때에, 한계 상황, '변두리'를 비추어줄 경우에 우리
신자들은 복음을 반깁니다. 그런 한계 상황과 변두리에서는
신자들이 자기네 신앙을 약탈하려는 자들의 침공에 유난히 더
노출됩니다.

2013. 3. 28. 성유축성미사 강론

하느님의 중재자

여러분이 사람들 가운데서 **뽑혔음**을 의식하고서, 하느님의 사물에 주의를 기울이게 만들라고 세워진 사람들임을 의식하고서, 그리스도의 사제 업무를 **기쁘게**, 성실한 사랑으로 수행하십시오. 여러분 마음에 들려고 하지 말고 오로지 하느님의 마음에 들려는 뜻으로 하십시오. 여러분은 목자이지 품꾼이 아닙니다. 중재자가 되어야지 중간업자가 되어서는 안 됩니다.

2013. 4. 21. 사제 서품 미사 강론

성령

성령은 교회의 혼이십니다. 살리고 일치시키는 당신의 힘으로 그렇게 하십니다. 많은 사람들을 한 몸으로 만드시고 그리스도의 신비체로 만드십니다. 비관주의에 물러서지 맙시다! 악마가 날마다 우리에게 던지는 좌절감에 물러서지 맙시다! 비관주의와 낙담에 물러서지 맙시다! 성령이 강력한 입김으로 교회에 용기를 선사한다는 확고한 신념을 가집시다. 끈질기게 나아가는 용기, 땅 끝까지 복음을 펴기 위해서(사도행전 1, 8 참조) 복음화의 새로운 방도들을 찾는 용기를 선물합니다.

2013. 3. 15. 모든 추기경들의 알현

초대 신학자들은 이런 말을 했습니다.

"영혼은 일종의 돛단배다. 성령은 바람처럼 돛폭에 불어와 배가 앞으로 나아가게 만드신다. 바람의 미는 힘이 곧 성령의 선물들이다."

성령의 미는 힘, 그분의 은총이 없이는 우리가 앞으로 나아가지 못합니다. 성령은 우리가 하느님의 신비 속으로 들어가게 만드시고, 소위 '영지주의 교회'의 위험, 자기 울타리에 갇혀 '자기 본위의 교회'가 될 위험에서 우리를 구해주십니다. 문을 열고 밖으로 나가게 우리를 떠미십니다. 복음의 선한 생명을 선포하고 증거하라고, 신앙의 기쁨, 그리스도와 만나는 기쁨을 전달하라고 떠다미십니다.

2013. 5. 19. 성령강림 대축일 강론

새로운 시선

성령이 우리 마음에 가져오는 귀중한 선물이 이것입니다. 하느님의 생명 자체, 진짜 자녀로서의 생명, 신뢰 관계, 하느님의 사랑과 자비에서 누리는 자유와 신뢰심. 이런 생명은 타인, 가깝든 멀든 이웃들에 대해 새로운 시선을 만들어줍니다. 타인을 언제나 예수님 안에서 형제자매로 보고, 존중하고 사랑할 형제자매로 보게 합니다.

2013. 5. 8. 일반 알현

변혁

성령은 우리에게 하느님의 새로우심을 가져다줍니다. 그 새로움이 우리에게 와서, 모든 사물을 새롭게 만들어버립니다. 하느님의 새로우심은 속세의 새로움을 닮지 않습니다. 그것들은 아예 잠정적이고 지나가버리며 늘 더, 더, 더 새로운 것을 찾을 뿐입니다. 하느님께서 우리 생활에 선사하시는 새로움은 결정적인 것입니다. 우리가 그분과 함께하게 될 미래에만 그렇지 않고 오늘도 그렇습니다. 하느님은 모든 것을 새롭게 하고 계십니다. 성령은 우리를 참으로 변화시키고, 우리가 사는 세상을 우리를 통해 변혁시키기 바라십니다.

2013. 4. 28. 견진 예비자 미사 강론

성령의 언어

성령의 언어, 복음의 언어는 친교의 언어입니다. 폐쇄와 무관심, 분열과 대립을 극복하라고 초대하는 언어입니다. 우리 모두 스스로에게 물어야 합니다. 성령의 인도에 어떻게 나를 맡기고 있는지, 그래서 신앙에서 나오는 나의 삶과 나의 증언이 얼마만큼 일치와 친교의 증언이 되고 있는지 물어야 합니다.

2013. 5. 22. 일반 알현

복음으로 두려움을 쫓다

부활하신 그리스도의 영은 사도들의 마음에서 두려움을 쫓아냅니다. 그들을 떠밀어 다락방에서 나가 복음을 펴라고 시킵니다. 부활하신 그리스도 안에서 우리가 신앙을 증언하는 용기를 더욱더 갖추도록 합시다!

2013. 4. 7. 부활삼종기도

박해

첫 번째 제자들이 이토록 위대한 증언을 남길 힘을 어디서 얻었겠습니까? 그것만이 아닙니다. 그 숱한 장애와 폭력에도 불구하고 그들의 기쁨과 용기가 어디서 왔겠습니까? 사도들은 단순하고 소박한 사람들이었다는 사실을 잊지 맙시다. 서기관들도 아니고 율법학자들도 아니었습니다. 사제 계급에 들지도 못했습니다. 그들의 그런 한계에도 불구하고, 당국으로부터의 반대에도 불구하고 무슨 수로 예루살렘을 그들의 가르침으로 가득 채웠겠습니까?(사도행전 5, 28) 그들과 함께하시던, 부활하신 주님의 현존, 성령의 활동만이 저런 사실을 설명할 수 있습니다. 그들과 함께 계시던 주님, 그들을 떠밀어 설교를 하게 만드시던 성령이 저 기묘한 사건을 설명합니다. 그들의 신앙은 죽으시고 부활하신 그리스도께

대한 강력하고도 개인적인 체험에 근거하고 있었습니다. 아무것도 무서워하지 않고 아무도 무서워하지 않았으며, 박해를 오히려 명예의 동기처럼 보았습니다. 박해는 예수님의 자취를 따르게 하고, 목숨으로 증언하여 그분과 닮아가게 해주는 것이었습니다.

2013. 4. 14. 부활삼종기도

신앙의 증언

하느님의 말씀이신 분을 모셔갈 여력이 우리 생활환경에도 있습니까? 가정에서, 우리 일상생활의 일부가 되는 사람들과 그리스도에 관해 이야기를 나눌 줄 압니까? 그리스도께서 우리에게 무엇을 의미하시는지 이야기할 수 있습니까? 무릇 신앙은 들음에서 생겨나고 선포에서 강화되는 법입니다.

각자가 스스로 물어야 합니다.

'내 신앙을 갖고서 나는 그리스도를 어떻게 증언하고 있는가? 내가 베드로와 사도들의 용기를 갖고 있는가? 하느님께 순종하면서 그리스도인답게 생각하고 선택하고 살아가는 용기를 갖고 있는가?'

물론 신앙의 증언은 형태가 여러 가지입니다. 거대한 벽화를 보면 색깔이 다양하고 명암이 다채롭듯이 말입니다. 그러나 도드라지지 않는 부분까지 포함해서 모든 부분이 중요합니다. 하느님의 거대한 그림에서는 각각의 세부가 중요합니다. 그대의 증언, 나의 증언, 비록 자그맣고 빈약한 증언이라고 할지라도, 가족과 일터와 우애의 제반 관계로 이루어지는 일상에서 자기 신앙을 단순하고 소박하게 살아가는 사람의 숨은 증언까지도 중요합니다.

2013. 4. 14. 산 파울로 대성당 미사 강론

신앙의 홍보

　　　　　　신앙의 홍보는 증거를 통해서만 할 수
있습니다. 그리고 그 증거는 사랑입니다. 우리 이념을 갖고 홍
보하는 것이 아니고 자기 실존으로 살아온 복음, 그것을 갖고
홍보합니다. 성령이 우리 내부에서 살아가게 만드시는 그 실
존을 말합니다. 이것은 우리와 성령 사이에서 이루어지는 시
너지 효과 같은 것으로서, 거기서 증거가 나옵니다. 교회를 앞
으로 끌어가는 것은 성인들입니다. 그들이야말로 바로 이런
증거를 행하는 사람들입니다.

2013. 5. 18. 오순절 운동 단체와의 대담

믿음의 씨앗

복음은 씨앗과 같습니다. 그대는 씨를 심습니다. 그대의 말과 그대의 증거로 복음을 씨 심습니다. 그다음 어떻게 되었는지 그대가 통계를 내는 것이 아닙니다. 그 일은 하느님이 하십니다. 이 씨앗을 자라게 하시는 분은 그분이십니다. 물을 주시는 분도 그분이시고 성장을 주시는 분도 그분이시라는 확신을 갖고 씨를 뿌려야 합니다.

2013. 6. 17. 로마 교구 교회 회의 참석자들에게 행한 연설

진리

그리스도교 진리는 매력 있고 설득력 있습니다. 인간 실존의 깊은 요구에 상응하는 까닭입니다. 그 진리는 그리스도께서 인간 전체의, 그리고 모든 인간의 유일한 구세주라는 사실을 설득력 있게 선포합니다. 복음의 선교 확산이 대대적으로 작동하던 그리스도교 초기에 그랬던 것처럼, 오늘날에도 이 선포는 유효하게 남아 있습니다.

2013. 3. 15. 모든 추기경들의 알현

자기로부터의 탈출

　　　　　　부르심은 언제나 하느님의 궁극적인 목표입니다. 우리를 불러 봉헌 생활로 당신을 따라오라고 여러분을 부르십니다. 우리는 자신에게서 나가는 '탈출'을 부단히 감행해야 합니다. 여러분의 실존을 그리스도 위에, 그분의 복음에, 하느님의 뜻에 집중시키기 위한 탈출입니다. 성 바울로처럼 "이제는 내가 사는 것이 아니라 그리스도께서 내 안에 사시는 것입니다"(갈라티아 2, 20)라는 말을 할 수 있으려면 여러분의 계획이라는 것을 벗어 내던져야 합니다. 자기로부터의 탈출은 예배와 섬김의 발걸음을 내딛는 일입니다.

2013. 5. 8. 여자수도회 장상 국제연합회에 행한 연설

역류를 헤쳐 오르는 길

얼마나 많은 사람들이 진리 때문에 비싼 대가를 치르는지 모릅니다! 올곧은 사람들이 양심의 소리를 묵살하지 않기 위해 얼마나 많이 역류를 헤쳐 오르는 길을 택하는지 모릅니다! 올곧은 사람들은 역행하는 일을 두려워하지 않습니다. 그리고 우리 역시 두려워해서는 안 됩니다! 우리 가운데는 젊은이들이 많습니다. 젊은이 여러분에게 말합니다. 역류를 거슬러 헤쳐 가기를 두려워하지 마십시오! 사람들이 우리한테서 희망을 앗아가버리려고 할 때에, 썩어빠진 그런 가치들을, 쉰 음식 같은 가치들을 우리에게 부과하려고 할 때에 역류를 거슬러 헤쳐 가십시오! 쉰 음식은 몸에 나쁩니다. 저런 가치들은 우리에게 해롭습니다. 역류를 거슬러 헤쳐 가야 합니다!

그리고 젊은이 여러분, 여러분이 맨 앞에 서십시오! 거슬러 헤쳐 가십시오! 정면으로 거슬러 헤쳐 가는 대범함을 지니십시오! 앞으로 가십시오! 용기 있는 사람이 되십시오! 그리고 대범하게 해내십시오!

2013. 6. 23. 삼종기도

양 떼 냄새를 풍기는 목자

　　　　　자기한테서 조금밖에 안 나가는 사제는
기름도 조금만 발라줍니다. 아무것도 안 발라준다는 말은 안
했습니다.(하느님께 감사를 드릴 일은, 사람들은 훔쳐서라도 우
리한테서 기름을 가져갑니다.) 그러다 보면 우리 백성에서 가
장 좋은 것을 잃게 됩니다. 사제다운 마음의 가장 심원한 부분
을 작동시킬 줄 아는 그 부분을 상실합니다. 자기한테서 나갈
줄 모르는 사람은 중재자가 되는 대신에 조금씩 중간업자가
됩니다. 지배인이 되고 맙니다. 우리 모두 그 차이를 알고 있
습니다. 중간업자와 지배인은 이미 삯을 받았습니다. 그래서
자기 위험을 감수하려고 하지 않으며 자기 마음을 쏟지도 않
습니다. 그러니 진심에서 우러나온, 애정 어린 감사의 말도 받
지 못합니다. 정확하게 바로 여기서 어떤 사람들의 불만이 유

래합니다. 우울한 사람, 우울한 사제가 되고 말며, 그러다 보면 "양 떼 냄새가 풍기는" 목자가 되는 대신에 일종의 수집가, 옛것이나 새것을 긁어모으는 수집가가 되고 맙니다. 내가 여러분에게 당부하는 말이 이것입니다. 양 떼 냄새를 풍기는 목자가 되십시오! 그 냄새를 맡으십시오! 자기 양 떼 한가운데에 있는 목자, 사람을 낚는 어부가 되십시오!

2013. 3. 28. 성유축성미사 강론

교황 프란치스코 연보

1936	12월 17일 부에노스아이레스에서 호르헤 마리오 베르고글리오라는 이름으로 탄생. 아르헨티나로 이민한 이탈리아 아스티 출신의 부모에게서 태어남. 부친 마리오는 철도역 출납계 직원이고 모친 레히나 시보리는 주부. 호르헤는 장남으로 손아래에 오스카, 마르타, 알베르토, 마리아 엘레나가 태어남.
1957	화학 전공으로 학사 학위 취득 후 사제직의 길을 택하고 빌라 데보토 신학교에 입학.
1958	3월 11일 예수회 수련소에 입회. 2년 뒤(1960년 3월 12일) 첫 서원.
1963	산티아고 데 칠레에서 인문학 공부를 마친 다음 아르헨티나로 귀국. 산미겔에 있는 산호세 대학에서 철학 학위 취득.
1964~1966	산타페에 이어 부에노스아이레스에서 문학과 심리학을 가르침.
1969	12월 13일 사제로 서품받음.
1970	신학 공부를 마치고 산호세 대학에서 학위 취득.
1973	4월 22일 종신서원을 발함. 7월 31일 아르헨티나 예수회 관구 평의원을 지낸 뒤 관구장으로 임명됨.

1980	산호세 대학 학장으로 임명되어 1986년까지 유임. 독일로 신학을 공부하러 가서 박사 학위 논문으로 로마노 과르디니에 관한 연구를 수행함. 그 뒤 아르헨티나 예수회 장상들로부터 다른 소임을 받아 연구를 중단하고 귀국, 코르도바의 한 본당에서 직무 수행.
1992	5월 20일 영성 지도와 고백 사제의 직무를 여러 해 수행한 뒤 요한 바울로 2세로부터 부에노스아이레스의 보좌 주교로 임명됨. 안토니오 콰라치노 추기경의 긴밀한 협력자가 되어 6월 27일 주교 서품을 받음. 주교직의 표어로 '가엾게 여기고 이를 선택한다(Miserando atque eligendo)' 선정. 주교 문장에는 예수회 상징인 그리스도 명칭 'IHS'를 새김.
1993	12월 21일 부에노스아이레스 대교구 총대리로 임명됨.
1997	6월 3일 부에노스아이레스 부교구장 대주교로 승진. 1년 뒤 콰라치노 추기경의 서거 후 대교구 통솔을 승계함(2월 28일). 아르헨티나 수좌대주교로 임명됨.
2001	2월 21일 요한 바울로 2세에 의해 추기경에 서임됨.
2005	베네딕토 16세 교황이 선출된 콘클라베에 참석.
2013	2월 11일 베네딕토 16세, 같은 달 28일자로 베드로의 직무를 사임할 의사 발표. 3월 13일 교황으로 선출되어 프란치스코라는 이름을 택함. 최초의 라틴아메리카 교황이자 첫 예수회 출신 교황, 프란치스코라는 이름을 단 첫 교황으로 4월 7일 로마의 주교로서 로마 교좌에 착좌함.

역자 후기

프란치스코 효과

2013년 11월 28일, 바티칸 산타 마르타 교황 숙소의 소성당에서 교황 프란치스코가 집전하는 새벽 미사에 참석했다. 다섯 명가량의 주교(은퇴한 교황 베네딕토 16세를 모시는 개인 비서 게오르그 겐스바인 대주교도 와 있었다), 여남은 명의 사제가 미사를 교황과 공동 집전 중이었고 일반 신자 50여 명이 참석하고 있었다. 내 유학 시절이던 1984년 요한 바울로 2세가 한국을 방문하기 직전 교황궁 개인 경당에서 드리던 미사에 가족과 참석한 지 30년 만이었다.

미사 후 맨 마지막으로 나에게 허락된 알현에서 "세계 유일의 분단국가 대한민국을 기억해주시고 남북 대화를 격려해주십시오"라는 인사를 드리자 교황 프란치스코는 "대사님도 저를 위해 기도해주십시오"라고 당부했다. 전날 수요 일반 알현이 있어서였겠지만 퍽 피곤한 얼굴이었다. 그리고 그보다 나흘 전(11월 24일) 그의 교황직 기조 문서로 발표한 『복음의 기쁨』에 대해 세계 보수 언론들이 '마르크스주의 문서'라는 투로 비난하는 반응에 적이 상심한 듯했다. "나더러 마르크스주의자라고 하는 비난은 오히려 나를 칭찬하는 말처럼 들린다"라고 응수했지만 말이다.

여하튼 남북 화해를 격려해달라는 내 당부는, 그해 말 한국-바티칸 수교 50주년 축하 미사를 집전한 교황청 국무원장 파롤린 추기경의 미사 강론에서도("두 한국 사이에 평화의 선물을⋯⋯ 갖가지 형태의 기근으로 시달리는 북한 백성들에게 제공하는 인도적 지원이 중단되는 일이 없기를 기원합니다"), 금년 초 교황청 주재 외교단에 행한 교황의 연설문("한반도에 화해의 선물을 주십사 하느님께 빕니다. 한국민 전부의 이익이니 양편에서 회담과 가능한 해결을 모색하도록 축원합니다")에도 반영되었다. 교황 프란치스코는 자신이 만난 사람들의 말을 귀담아듣고 기억하고 대응한다는 뜻이다.

그가 교황에 취임한 지 1년밖에 안 된 지금, 서구 언론은 여기저기서 '프란치스코 효과'에 대해 보도한다. 작년 초, 인류의 시선은 바티칸 시스티나 경당의 굴뚝으로 쏠렸다. 아르헨티나에서 온 베르고글리오 추기경이 교황으로 뽑혀 성 베드로 광장과 TV 앞에 모여 있을 전 인류 앞에 처음 나타나던 순간을 모두 기억할 것이다. 장엄하게 십자가를 그어 가톨릭 신도들에게 축복을 내리던 교황들의 전통적인 의전 행위에 앞서, 프란치스코라는 이름을 택한 그가 머리를 깊이 조아리고 청중과 시청자들에게 자기를 위해 기도해달라던 모습은 그야말로 인류에게 축복을 청하는 자세였다.

그 후 새 교황은 가는 곳마다 화제를 뿌렸다. 그가 교황이 되어 맨 먼저 방문한 곳은 이탈리아 최남단 람페두사, 굶주린 북아프리카 난민들이 난파선을 타고 유럽으로 밀입국하다 수백 명씩 물에 빠져 죽곤 하는 바닷가였다. 국경을 봉쇄하고 본인들만 번영을 누리는 유럽인 크리스천들의 양심에 호소하는 행동이었다. 성목요일 세족례에서는 이슬람 죄수인 여자의 발을 씻어주어 점잖은 성직자들이 구시렁거렸다. 자신의 생일에는 로마의 노숙자 세 명을 초대하여 함께 밥을 먹었다.

또한 교황은 말썽 많은 바티칸 은행을 1년 가까이 특별 감사하고 뜯어고쳐 더 이상 범죄 집단의 돈세탁에 이용되지 않

도록 투명하게 만들었다. 교황청의 중앙집권을 대대적으로
손질하겠다고, 각국 주교회의의 자율을 확보하겠다고 공약했
다. 개신교와 정교회에는 '로마 주교의 베드로 수위권'을 처음
부터 재론해보자는 제안을 다시 내놓았다.

가슴속에서 우러나온 그의 말들

이 책은 교황 프란치스코가 교황직을 시작한 2013년 3월
부터 넉 달 간 행한 연설과 설교에서 주제별로 뽑아낸 글들이
다. 사람들은 그의 소박하고 따뜻하고 마음에 호소하는 어투
에 사로잡히곤 한다. 그는 '우정'과 '기쁨', '행복' 등의 평범한
주제에 솔직하고 진심 어린 말을 건넨다. 그리스도교 성직자
로서 하는 말이지만, 독자가 신봉하는 종교와 상관없이 누구
나 귀담아들을 만한 지혜가 담겨 있다.

좋은 엄마는 성장 과정에서 자녀들을 동반하는 데서 그
치지 않습니다. 삶의 문제들과 도전들을 피하지 않습니
다. 좋은 엄마라면 자녀들이 자유를 갖고 결정적 결단을

내리게 돕습니다.

노년기는 삶의 지혜가 깃드는 자리입니다. …… 우리는 바로 이런 지혜를 젊은이들에게 선물합시다! 해가 갈수록 감칠맛 나는 포도주처럼, 젊은이들에게 삶의 지혜를 선사합시다!

2013년 말 미국 시사주간지 『타임』은 그를 '올해의 인물'로 뽑고, "불과 1년도 안 된 사이에 그는 참으로 의미심장한 일을 해냈다. (교황청의) 말만 바꾼 것이 아니고 음악을 바꾸었다"라고 평했다. 그가 가톨릭교회의 수장으로서 신도들에게 건넨 첫마디는 "밖으로 나가라!"였다. 유럽에서 침체해가는 가톨릭교회를 무슨 수로 부흥시킬까 고민하던 고위 성직자들에게 프란치스코는 이렇게 말했다.

"자기 안위만을 신경 쓰고 폐쇄적이며 건강하지 못한 교회보다는 거리로 나와 다치고 상처받고 더럽혀진 교회를 저는 더 좋아합니다!"

프란치스코의 첫 번째 교서 『복음의 기쁨』은 우리말 번역본이 나오자마자 가톨릭교회의 베스트셀러가 되고 있다. 교황은 12억 가톨릭 신자에게 '코페르니쿠스적 전환'을 요구하고 있다. 날마다 10만 명의 인류가 기아와 영양실조로 죽어가는 가운데 '마음의 평화'나 '내 영혼의 구원'을 기도하는 데서 그치는 개인주의적 종교심을 교황은 '속물근성의 영성'이라고 질타했다. 또 국내와 국제 정치와, 경제 문제에 무관심한 교회를 두고 "하느님, 껍데기뿐인 영성과 사목으로 치장한 세속적인 교회에서 저희를 구하소서!"라고 탄식했다.

인류가 시스티나 굴뚝에 주목하는 이유

영토로 말한다면 서울 경복궁 크기밖에 안 되는 바티칸시국에 인류의 시선이 쏠리는 이유가 있다. 2014년 4월 27일 교황 요한 23세와 요한 바울로 2세가 나란히 성인으로 시성되기도 했다. '착한 교황'이라는 별명이 붙었던 요한 23세(재위 1958~1963)는 80세가 다 되어 교황에 뽑혀 과도기 인물처럼 비쳤지만 교황직 단 5년 안에 2천 년 묵은 가톨릭교회의 진로를 바꿔버렸다. 성직 계급의 피라미드처럼 간주되던 교회를 "인류의 기쁨과 희망을 함께하는, 하느님의 백성"으로! 더구나 1962년 쿠바 사태에서 세계대전도 불사하려는 소련과 미국 지도자들을 설득하여 핵전쟁에서 인류를 구하는 데 일조했다.

우리나라를 두 번이나 방문한 요한 바울로 2세(재위 1978~2005)를 두고 소련 수상 고르바초프가 한 말이 있다.

"베를린 장벽의 붕괴라는, 최근 마지막 몇 해 동안 동유럽에서 일어난 모든 것은 이 교황의 존재가 없었더라면 있을 수 없었을 것이다. 그의 큰 역할, 정치적 역할이 없었더라면 말이다. 그는 세계 무대에서 자기 역할을 연출할 줄 알았다."

동구권이 무너지고 혼자 남은 패권 국가 미국이 아프간, 이라크, 리비아, 이집트를 차례로 침략해오던 행군이 2013년 9월 시리아 국경에서 멈칫했다. 교황 프란치스코가 "시리아의 평화를 위하여" 12억 가톨릭 신자들에게 단식과 기도를 명령했고 유럽 국가 정상들에게 친필 서한을 보내 시리아전 개전에 반대했다. 그리고 그 호소가 받아들여졌다!

그런데 교황 프란치스코가 서구 세계를 강타하고 있다며 서구 언론이 놀라는 이유는 『복음의 기쁨』이라는 권고문(50~60항)이 신자유주의 경제를 정면으로 비판했기 때문이다. 문서는 이 경제를 '죽이는 경제'요 '뿌리부터 불의한' 체제로 단언한다. 핵심 부분을 좀 길게 인용해본다.

'살인해서는 안 된다'라는 계명이 인간 생명의 가치를 지키기 위하여 분명한 선을 그어놓은 것처럼, 오늘날 우리는 '배척과 불평등의 경제는 안 된다'라고 말해야 합니다. 그러한 경제는 사람을 죽일 뿐입니다. 나이 든 노숙자가 길에서 얼어 죽은 것은 기사화되지 않으면서, 주가지수가 조금만 내려가도 기사화되는 것이 말이나 되는 일입니까? …… 오늘날 모든 것이 경쟁의 논리와 약육강식의 법칙 아래 놓이게 되면서 힘없는 이는 힘센 자에게 먹히고 있습니다. …… 인간을 사용하다가 그냥 버리는 소모품처럼 여기고 있는 것입니다. 우리는 '폐기품의 문화'를 만들어왔고 지금도 확산되고 있습니다. …… 그들은 '착취된' 이들이 아니라 '쓰레기'요 '떨거지들'입니다.

『복음의 기쁨』 53항(일부 역자 번역)

프란치스코의 해맑은 미소에 비해 그가 사용하는 언어는 꾸밈없고 단순하면서도 직설적이어서 기득권에 편입된 성직자들은 이 문서를 서랍에 감추거나 정반대의 뜻으로 신자들에게 얼버무리려는 유혹에 벌써 시달리고 있다. 다국적 기업들을 앞세워 세계 경제를 독점해가던 국가들은 골리앗의 찌푸린 눈으로 바티칸 광장을 내려다보며 코웃음 칠 것이다. 하지만 독자들은 이 책을 넘기면서 "개울가에서 매끄러운 돌멩이 다섯 개를 골라서 메고 있던 양치기 가방 주머니에 넣은 다음, 손에 무릿매 끈을 들고 그 필리스티아 사람에게 다가가는"(사무엘 상 17, 40) 다윗의 영웅담을 떠올릴지 모르겠다. 여하튼 인류가 놀랄 만한 인물임에는 틀림없다.

돈과 전쟁이 인류의 생존을 위협하는 이 시대에 교황 프란치스코의 말들은 인류가 필요로 하는 현자의 음성과도 같다. 이 책을 통해 많은 독자들이 그의 말에 귀 기울여주기를 바란다.

성염

교황 프란치스코
호르헤 마리오 베르고글리오Jorge Mario Bergoglio

1936년 아르헨티나 부에노스아이레스에서 이탈리아 출신 이민자의 아들로 태어났다. 대학에서 화학을 공부했지만 일찍이 품었던 종교적 소명에 따라 1958년 예수회에 입문해 1969년에 사제 서품을 받았다. 이후 예수회 아르헨티나 관구장을 지낸 뒤 1998년 부에노스아이레스 대주교, 2001년 추기경에 서임되었다. 교황 베네딕토 16세가 사임한 후 소집된 추기경단의 콘클라베에서 다섯 번의 투표 끝에 제266대 로마 가톨릭교회의 교황으로 선출되었다. 시리아 출신 교황인 그레고리오 3세 이후 1282년 만에 탄생한 비유럽권 출신 교황이자 가톨릭교회 역사상 최초의 미주 출신, 최초의 예수회 출신 교황이 된 것이다.

공식 교황명인 '프란치스코'는 이제까지 한 번도 교황명으로 사용되지 않은 이름으로, 청빈·겸손·소박의 대명사인 '아시시의 성 프란치스코'를 따르겠다는 의지를 표명한 것이다. 그 굳건한 의지가 이끄는 대로 '가난한 자들을 위한 가난한 교회'를 만들기 위해 노력하며, 트위터를 통해 전 세계 수많은 이들과 교감하고 있다. 가난하고 고통받는 이들 곁에서 사랑과 위로의 말을 전하는 '목자'로, 전 세계에 부드러운 혁명을 일으키는 '가톨릭의 어진 수장'으로 많은 이들의 벗이자 귀감이 되고 있다.

공식 트위터 계정 @Pontifex

옮긴이 성염

1972년 가톨릭대학교 졸업 후, 1976년 광주가톨릭대학교에서 신학석사, 1986년 교황청 살레시오 대학에서 라틴문학박사 학위를 취득했다. 이후 한국외국어대학교와 서강대학교 철학과 교수, 주교황청 한국대사를 역임했다. 그간 우리신학연구소 소장 및 이사장, 서양고전학회 회장, 한국가톨릭교수회장 등 각 분야의 사회 활동을 하면서 많은 저서와 주해서, 번역서, 연구 논문을 발표했다. 지은 책으로 『사랑만이 진리를 깨닫게 한다』, 『님의 이름을 불러두고』, 『하느님을 만난 사람들』 등이 있으며, 옮긴 책으로 교황 요한 바울로 2세의 연설집 『반대받는 표적』, 요한 바울로 2세의 전기 『세상은 당신이 필요합니다』, 교황 요한 바울로 1세의 연설집 『희망의 서광이 누리를 비춥니다』 등이 있다.